**어린이를 위한
가상현실과 메타버스 이야기**

초판 1쇄 발행 2021년 8월 30일
초판 8쇄 발행 2025년 8월 5일

지은이 천윤정
그린이 박선하
펴낸이 이지은 **펴낸곳** 팜파스
기획편집 박선희
디자인 조성미 **마케팅** 김서희, 김민경

출판등록 2002년 12월 30일 제 10-2536호
주소 서울특별시 마포구 어울마당로5길 18 팜파스빌딩 2층
대표전화 02-335-3681 **팩스** 02-335-3743
홈페이지 www.pampasbook.com | blog.naver.com/pampasbook
이메일 pampas@pampasbook.com

값 12,000원
ISBN 979-11-7026-421-7 (73560)

ⓒ 2021, 천윤정

· 이 책의 일부 내용을 인용하거나 발췌하려면 반드시 저작권자의 동의를 얻어야 합니다.
· 잘못된 책은 바꿔 드립니다.

천윤정 글 | 박선하 그림

팜파스

어린이 친구들에게

'현실이 아닌데 진짜 현실처럼 받아들일 수 있을까?'

가상현실 기술은 이 단순한 물음에서 출발합니다. 디지털로 만들어진 세계를 정말 있는 것처럼 느껴지게 만드는 것. 그게 바로 가상현실의 본질이죠.

여러분이 아침에 눈을 떠서 잠이 들 때까지의 하루를 돌아볼까요? 여러분은 아침을 먹고 학교에 가서 친구들과 선생님과 함께 시간을 보내고, 학교가 끝나면 학원에 가거나 친구들과 즐거운 한때를 보낼 거예요. 그리고 밤이 될 때까지 틈틈이 책을 읽거나 스마트폰을 하거나 TV를 잠시 볼 수도 있고, 하기 싫은 숙제를 억지로 하면서 투덜거릴 수도 있겠죠.

매일 똑같은 하루를 보내는 것은 아니겠지만, 비슷비슷한 날들이 흘러갈 거예요. 그런데 가상현실에서는 좀 더 색다른 시간을 보낼 수

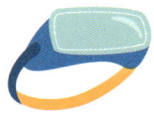

있어요. 여러분이 슈퍼 히어로가 된다거나 유명한 축구 선수가 될 수도 있어요. 메타버스 속에서 귀여운 아바타의 모습으로 현실에서는 잘 못 추는 춤을 능숙하게 추거나 멋지게 노래를 할 수도 있죠. 먼 곳으로 이사 간 친구와 같이 놀거나, 평소 좋아하는 드라마나 만화 속 캐릭터를 우리 집에 불러다 함께할 수 있습니다.

 이 모든 것이 가능하다는 것은 분명 즐겁고 근사한 일이에요. 하지만 이렇게 가상으로 만든 세상이 더 흥미롭고 즐겁다면, 우리는 현실에 발을 딛고 살아가고 싶어질까요? 또한 우리 뇌는 어떤 것이 진짜 현실인지 분간할 수 있을까요? 우리는 이 기술을 현실에서 과연 어떤 방식으로, 어디까지 쓰면 좋을까요?

 지금 당장은 누구도 섣불리 답을 할 수 없는, 어려운 질문들입니다. 그래도 미력하나마 이 책을 통해, 여러분이 이 질문들에 대해 생각해 보고, 각자만의 답을 내릴 수 있기를 희망해 봅니다.

　끝으로 이 책이 나올 수 있도록 도와주신 한국전자통신연구원 호남권연구센터의 이길행 센터장님께 진심으로 감사드립니다. 갑작스러운 요청에도 세심하게 감수해 주신 센터장님 덕분에 안심하고 책을 낼 수 있었습니다. 그리고 한국전자통신연구원의 정길호 실장님, 아이들이 더 풍성하게 책을 즐길 수 있게 관련 사진의 사용을 흔쾌히 허락해 주신 양웅연 박사님과 오큘러스 퀘스트 2의 멋진 사진을 제공해 준 소중한 친구 현부연에게도 감사드려요. 늘 큰 도움 주시는 팜파스 출판사의 박선희 에디터님께도 깊은 감사드립니다.

　이 세상에서 가장 특별한 하린, 하윤 두 딸에게 이 책을 바칩니다.

차례

어린이 친구들에게 5
여행을 떠나기 전 알아 두자! 10

출발! 가상현실의 세계로!
가상현실은 대체 무엇이고 어떤 것이 필요할까?

- 박새롬 X 신마로, 가상현실의 세계로 들어가다! 16
- 마법 같은 기술 '가상현실', 너 도대체 정체가 뭐야? 30

가상현실에 이렇게 많은 사람들이 참여한다고?
가상현실의 역사와 관련 직업들

- 새롬, 팔머 럭키와 함께 가상현실을 만드는 사람들을 만나다! 48
- 가상현실과 메타버스를 만드는 사람들 그리고 가상현실의 64
  과거, 현재, 미래

이야기 셋 내 친구 늘봄이의 꿈을 지켜 줘!
어렵고 힘든 문제를 기상천외하게 해결해 주는
가상현실 기술에 대하여

✢ 특명! 늘봄이를 도와라!　　　　　　　　　　　　　76
🔍 가상현실 기술, 경계를 허물고 밝은 세상을 만들다!　　90

 이야기 넷 아빠와 나, 가상현실 요리 교실에 가다!
언택트와 메타버스를 자유자재로 만드는 가상현실 기술

✢ 우당탕탕! 가상현실 요리 교실이 열리다!　　　　　102
🔍 가상현실 기술로 비대면 사회를 슬기롭게 살아가다!　114

 이야기 다섯 우리가 만들어 가는 가상현실의 미래!
미래 과학, 가상현실에 대한 다양한 고민

✢ 진짜는 '현실'에 있어!　　　　　　　　　　　　　124
🔍 가상현실 기술의 미래, 우리는 무엇을 고민해야 할까?　136

참고문헌　144

여행을 떠나기 전 알아 두자!

▶ **베타 테스트 (Beta Test)**

하드웨어나 소프트웨어 제품을 팔기 전에 문제가 없는지 몇몇 사용자들이 미리 써 보게 하는 거야. 베타 테스트를 하는 사람들을 베타 테스터(Beta Tester)라고 해.

▶ **디스플레이 (Display)**

데이터를 눈으로 볼 수 있게 표현해 주는 장치야. 우리가 데이터를 입력했을 때, 그 데이터를 보여 주지. 예를 들어 컴퓨터 모니터나 스마트폰의 화면도 디스플레이야.

▶ 햅틱 (Haptic)

키보드나 마우스, 조이스틱, 터치스크린 등으로 컴퓨터에 입력할 때 우리에게 촉감, 힘, 진동을 전해서 실제로 만지는 듯한 느낌을 주는 기술이야. 스마트폰에서 전화나 문자가 왔을 때 진동을 느끼는 것도 이 햅틱 기술 덕분이지.

▶ 애플리케이션 (Application)

스마트 기기들을 여러 가지 목적으로 사용하기 위해 만들어진 프로그램들을 말해. 줄여서 '앱'이라고 해.

▶ 논 플레이어 캐릭터 (NPC, Non-Player Character)

게임에서 사람이 직접 조종할 수 없는 캐릭터를 말해. 이 캐릭터들은 게임 안에서 프로그램에 따라 움직이는 봇 또는 인공 지능 AI가 조작해.

▶ 언택트 (Untact, 비대면)

사람과 직접 만나지 않고 키오스크나 챗봇, 가상현실 같은 첨단 기술을 활용해 서비스를 이용하는 것을 말해. 사람들과의 접촉

(Contact)을 없앤다(Un)는 의미로 우리나라에서 만든 합성어야. 영어로는 Contact-Free나 Contactless이지. 국립국어원에서는 언택트 대신 '비대면'이라는 단어를 권하고 있어. 나도 '비대면'이란 표현을 쓸 생각이야.

▶ 챗봇 (Chatbot)

음성이나 문자로 인간과 대화하는 컴퓨터 프로그램이야. 우리가 메시지를 보내면 챗봇이 그 메시지 안의 특정 문장이나 단어 등을 분석해서 대답해 주지.

▶ 사물 인터넷 (Internet of Things, 약어로 IoT)

물건에 센서와 통신 기능을 넣어서 인터넷에 연결하는 기술이야. 즉, 무선 통신으로 각종 물건들을 연결하는 기술이지. 스마트폰 하나로 집의 보안이나 TV, 온도, 전기, 가전제품, 가구까지 관리할 수 있는 것은 이 사물 인터넷 기술 덕분이야.

▶ 콘텐츠 (Contents)

우리가 보는 영화, 음악, 연극, 문예, 사진, 만화, 컴퓨터 게임을 콘

텐츠라고 해. 즉, 사람들이 만든 저작물(창작물) 중 교양 또는 오락물에 속하는 걸 콘텐츠라고 하지. 따라서 광고처럼 단순히 무언가를 팔기 위해 만든 것이나 학교 시간표나 책의 목차처럼 사실만 전달하는 것은 콘텐츠라고 하지 않아.

▶ 메타버스 (Metaverse)

'3차원 가상 세계'를 뜻하는 말이야. '메타'와 '유니버스'가 합쳐진 말로, '메타(Meta)'는 가상과 초월을 의미하고, '유니버스(Universe)'는 세계와 우주 등을 뜻해. 메타버스는 '현실의 내'가 웹과 인터넷 속 '가상 세계'에서 나를 대신할 '아바타를 만들어 다양한 활동을 하는 곳'이야.

안녕. 여러분. 가상현실로 가는 첫 번째 정거장에 온 걸 환영해. 이번 정거장에서는 새롬이랑 마로가 게임을 통해 가상현실로 들어갈 거래. 우리도 새롬이랑 마로와 함께 가상현실 게임을 체험하러 가 볼까?

이야기 하나

출발!
가상현실의 세계로!

가상현실은 대체 무엇이고
어떤 것이 필요할까?

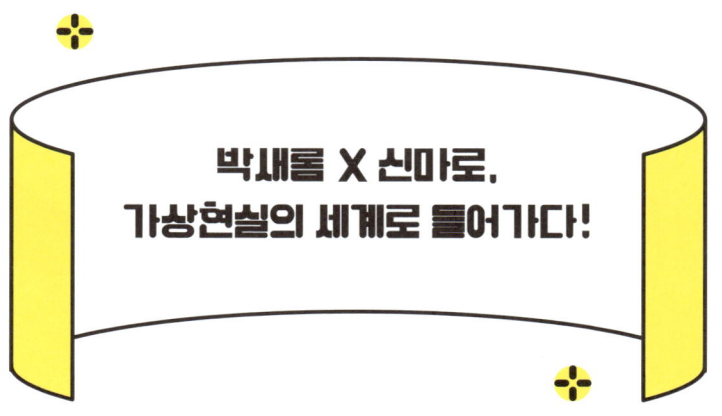

박새롬 X 신마로, 가상현실의 세계로 들어가다!

  게임 속 시끌벅적한 기차역에는 온갖 재미있는 얼굴의 아바타들이 가득했다. 마로는 공들여 만든 아바타를 뽐내며 새롬이의 아바타를 찾았다.

"너 지금 어디 있어? 왜 안 보이냐? 설마 아직 게임 설명 보고 있어?"

"아냐. 나도 이미 게임 안에 들어왔다고. 네 뒤에 있어."

마로의 아바타가 뒤로 돌자, 새롬이의 아바타가 손을 흔들었다. 둘은 역사 게시판으로 갔다.

많은 아바타들이 고개를 빼고 어디로 갈지 정하고 있었다. 마로와 새롬이는 자연사 박물관을 선택했다. 코인으로 자연사 박물관행 티켓을 끊고 기차에 타자 몸이 어딘가로 빨려 들어가는 느낌이 들었다. 신나서 소리를 지르는 사이에 스미스소니언 박물관의 웅장한 문 앞에 도착해 있었다. 주변에는 아무도 없었다.

"우리밖에 없나 봐. 박물관 전세 낸 거 같다."

들뜬 목소리로 새롬이가 말했다. 둘은 두근거리는 마음을 안고 문을 열었다. 안은 어두웠다. 저 멀리서 쿵 하는 소리가 들렸다. 한 번으로 끝나지 않고 천천히 '쿵. 쿵. 쿵.' 하고 소리가 이어졌다. 그리고 나타난 것은 거대한 공룡의 그림자였다!

"헉!"

새롬이와 마로는 실감 나는 소리와 그림자에 가슴이 세차게 뛰었다. 그 순간 그림자가 완전히 모습을 드러냈다. 짧은 앞 발 두 개를 높이 치켜든 거대한 티라노사우루스였다. 티라노사우루스는 둘을 향해 입을 크게 벌리고 있었다.

"으악!!!"

누가 먼저랄 것도 없이 둘은 죽도록 뛰기 시작했다. 그런데, 이게 웬일인가? 반대편에서 벨로시랍토르가 나타났다. 어쩌다 보니 마로와 새롬이는 티라노사우루스와 벨로시랍토르 사이에 갇혀 버렸다!

"저, 저건 뭐야?"

"벨로시랍토르야. 몸체는 작아도 완전 사나운 놈이야."

공룡 박사 마로의 말에 새롬이는 마른침을 꿀꺽 삼켰다.

"쟤도 육식인 거지?"

"당연하지."

겁에 질린 새롬이와 달리 마로는 흥분한 상태였다. 다행인지 불행인지 공룡들은 서로를 노려보고 있었다. 눈앞에서 공룡의 생생한 움직임과 질감을 보고 있으니 머나먼 백악기 시대에 와 있는 기분이 들었다.

"진짜 단단할 거 같아. 만져 보고 싶다."

"됐거든? 그러다 잡아먹힐라."

"크릉……."

새롬이의 말이 끝나기가 무섭게 바로 뒤에서 심상치 않은 소리가 들렸다. 이어 훅~하며 공룡이 콧김을 내뿜는 소리가 들렸다.

천천히 뒤를 돌아보니, 또 다른 벨로시랍토르가 새롬이와 마로를 바라보며 크르릉 대고 있었다. 그뿐만이 아니었다. 그 뒤로 벨로시랍토르가 두 마리 더 나타났다.

"으으으으악!"

둘은 비명을 지르며 달아났다. 그랬더니 대치하던 벨로시랍토르와 티라노사우루스까지도 둘을 쫓아오기 시작했다.

쿵. 쿵.

바로 뒤에까지 공룡의 발자국 소리가 닿은 것 같았다. 부리나케 뛰던 새롬이가 갑자기 대리석 바닥에 죽 미끄러졌다. 때마침 새롬이를 향해 티라노사우루스가 큰 입을 쩍 하고 벌렸다. 거대한 공룡이 새롬이의 아바타를 한입에 꿀꺽하려는 순간, 둘의 모습이 흔적도 없이 사라졌다.

"헐!!"

마로는 HMD(머리에 착용하는 디스플레이)를 벗어던지며 숨을 몰아쉬었다. 새롬이 역시 VR 기기들을 빼고 놀란 가슴을 쓸어내렸다. 지금까지 가상현실 게임을 많이 했지만, 이렇게까지 현실처럼 느껴진

적이 없었다.

"와. 나도 모르게 게임 종료를 해 버렸어."

"나도. 진짜 먹히는 줄 알았네."

"나 아직도 소름이 돋아. 너도 그래?"

"응. 목덜미에 콧김까지 느껴지는 것 같더라."

정말 무시무시했다. 마로는 고개를 설레설레 저었다.

"이거 초등학생용 맞아? 너무 무섭다고!"

그러자 새롬이가 웃음을 터뜨렸다.

"그래도 되게 재밌었잖아."

"그렇긴 하지."

진짜 스릴 넘치는 경험이었지만 두 번은 하고 싶지 않았다.

"이거 신청하길 잘했어. 정말 끝내준다."

"맞아."

한 달 전, 두 사람은 자주 하는 게임의 회사에서 새 가상현실 게임의 베타 테스터를 구한다는 공고를 보았다. 테스터가 되면 게임 회사가 낸 가상현실 게임을 전부 해 볼 수 있었다. 그래서 둘은 설레는 마음으로 테스터 신청을 했던 것이다.

두 사람에게 당첨 소식이 들려온 게 지난주! 그리고 어제 가상현실 기기들과 게임 소프트웨어를 살 수 있는 플랫폼의 접속권이 마로의 집에 도착했다.

그래서 오늘 둘이 마로의 집에 모인 것이다.

"아. 맞다. 우리 체험 후기에 올릴 사진도 안 찍었어!"

"어. 그러네."

마로는 얼른 스마트폰으로 게임 기기를 장착한 사진을 찍었다. 그러고 나서 증강현실(AR) 사진 앱을 열었다. 새롬이는 고양이 귀, 마로는 멋진 카우보이모자 스티커를 화면에 불러와서 또 사진을 찍었다. 마로는 사진이 마음에 든 모양이었다.

"오, 잘 어울리는데? 우리 나중에 메타버스에서 이렇게 아바타 꾸미자."

"그래!"

마로와 새롬이는 다시 택배 상자를 뒤적였다.

"이번에는 이걸 해 보자."

MR 게임용 안경 장치를 머리에 쓰고, 촉감이나 움직임을 전달하는 조종 장치(햅틱 컨트롤러)를 집어 들었다. 가상현실(VR)은 해 봤으니 이번에는 혼합현실(MR) 게임이 궁금해졌다.

둘은 설레는 마음으로 게임에 접속했다. 그러자 갑자기 책상과 의자에 나무 그래픽이 씌워졌다. 침대와 방바닥 위로는 풀 그래픽이 나타났다.

마로는 입이 떡 벌어졌다. 자신의 방이 천천히 푸르디푸른 숲으로 변하는 과정이 놀라웠다.

"우아."

하늘색 새들이 작게 노래하며 바로 옆에서 날아올랐다. 그때 두 사람 옆으로 귀여운 동그라미가 두둥실 떠올랐다.

"안녕. 만나서 반가워요. 무엇을 하고 싶나요?"

생김새만큼 귀여운 목소리였다. 새롬이는 머뭇대다가 동그라미에게 물었다.

"혹시 지금 숲속 말고 다른 장소도 가능해?"

"어디였으면 좋겠어요?"

"우주로 가고 싶어."

새롬이의 말이 떨어지기가 무섭게 초록색 숲속이 깜깜한 우주로 변하기 시작했다. 마로와 새롬이의 아바타, 그 정체불명의 동그라미를 제외하고는 온통 까맣다.

어두운 공간 저 멀리서 무언가 반짝거렸다. 그 빛은 아주 천천히 커지더니 새롬이랑 마로 쪽으로 날아오기 시작했다.

"와. 저거 핼리 혜성이야?!!"

마로의 말에 새롬이가 미처 대답하기도 전에 핼리 혜성은 두 사람을 지나갔다. 그때 동그라미가 혜성의 꼬리 부분을 가볍게 건들자 혜성이 잠시 멈추었다. 그 덕분에 둘은 푸르게 빛나는 혜성의 이온 꼬리를 붙잡을 수 있었다. 그러자 혜성은 새롬이랑 마로를 가볍게 들어 올려 자신의 먼지 꼬리에 태우고 태양 주위를 천천히 돌기 시작했다.

"와. 먼지랑 돌투성이야."

자잘하게 부서지는 먼지랑 돌들 사이에서 새롬이가 외치자, 동그라미가 대답했다.

"네. 이게 바로 혜성의 먼지 꼬리예요. 먼지랑 금속, 작은 암석으로 이뤄져 있어요."

동그라미의 말을 알아들은 듯 혜성의 꼬리, 즉 이온 꼬리가 가볍게 흔들렸다. 이온화된 기체로 만들어진 푸른 꼬리가 흔들리자 마치 강아지가 꼬리를 흔드는 것 같았다.

"우아……."

마치 혜성의 등을 타고 우주를 산책하는 기분이었다. 새롬이와 마로는 혜성의 등에 올라탄 채로 수성과 금성, 우리의 푸른 지구, 화성을 지나쳤다. 거대한 목성의 오렌지빛 눈인 '대적점'의 바로 옆을 지

날 때는 마치 목성이 대적점을 움직이며 새롬이와 마로에게 눈인사를 건네는 것 같았다. 어느새 저 멀리 그 유명한 토성의 고리가 보였다.

"와. 부드러워 보여. 엄마가 아끼는 레코드판같이 생겼어."

마로의 말에 새롬이가 동그라미에게 물었다.

"우리 저기 갈 수 있어?"

"물론이죠."

동그라미의 말이 끝나기가 무섭게 혜성이 토성으로 직진했다. 그런데 막상 토성의 고리 안으로 들어오니 크고 작은 얼음 돌들이 마구잡이로 돌아다니고 있었다. 부드러운 천처럼 보이는 고리 위를 미끄럼틀 삼아 놀 생각을 했던 새롬이가 툴툴거렸다.

새롬이와 마로의 몸에 얼음 돌이 마구 부딪히기 시작했다. 다행히 얼음 돌들은 그냥 그래픽이라서 아무 느낌도 들지 않았다.

"와. 저기…… 저것 좀 봐."

새롬이의 말에 동그라미가 귀여운 목소리로 또 말을 꺼냈다.

"저 앞에서 반짝이는 별은 시리우스예요."

"와."

"지구에서 가장 가까운 별 중 하나예요. 지구랑 80조 킬로미터 떨어져 있어요. 그리고 이제 곧 비스듬히 늘어선 작은 별 세 개가 보일

텐데, 그게 오리온자리예요. 지구에서 1500광년 떨어져 있죠."

"1500광년? 갑자기 어떻게 그렇게 멀리 온 거야?"

새롬이가 놀라 묻자, 동그라미가 몸을 통통 띄우며 답했다.

"1광년은 약 9.5조km인데, 우리는 지금 초속 240조km로 가는 중이거든요."

그 이야기를 듣는 순간, 신기한 광경을 보느라 미처 알아채지 못했던 속도감이 갑자기 느껴졌다.

"우웩."

안경 장치를 벗으며 새롬이가 비틀거렸다. 당장이라도 토할 것처럼 어지러웠다. 마로 역시 같은 상태였다.

"아이고. 내가 못 살아."

그때 마로의 엄마가 들어오시며 마로의 등짝을 두드렸다.

"엄마. 나, 나 토할 거 같아."

"그러게. 누가 게임을 그렇게 오래 하래."

"이모. 이거 그냥 게임이 아니에요. 우주 공부하는 게임이에요."

새롬이가 마로 대신 열심히 해명했다. 하지만 마로의 엄마는 단호하게 말씀하셨다.

"둘 다 그만하고 밖으로 나와."

28

"네."

마로는 풀 죽은 얼굴로 대답했다. 엄마가 나가자 새롬이와 마로는 얌전히 게임기를 치웠다.

"아. 진짜 죽을 거 같다."

"그러게. 이거 원래 이런 거야?"

"글쎄."

새롬이는 설명서에 나온 경고 문구를 보았다. 게임 중 두통과 멀미를 느끼면 즉시 게임을 중단하라그 적혀 있었다.

"진작 설명서부터 읽을걸."

"근데…… 재밌었어!"

"맞아. 진짜 재밌었어!"

어지러운 것도 잠시, 금세 또 하고 싶은 마음이 샘솟았다. 그때 문 밖에서 마로의 엄마 목소리가 들렸다.

"둘 다 게임 그만하고 나오라니까."

마로와 새롬이는 뜨끔한 얼굴로 서둘러 나갔다.

PLAY

마법 같은 기술 '가상현실', 너 도대체 정체가 뭐야?

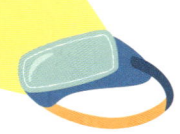

1895년 12월 28일 프랑스 파리의 한 카페에 입장료 1프랑을 내고 사람들이 몰려들었어. 뤼미에르 형제가 '시네마토그래프'라는 기계를 발명해 만든 세계 최초의 영화 〈열차의 도착〉을 보기 위해서였지. 조명이 꺼지고 눈앞에 화면이 펼쳐졌어. 화면 속 기차가 움직이기 시작했어. 사람들은 모두 혼비백산하며 도망쳤지. 화면에서 기차가 튀어나와 자기들을 덮치는 줄 알았던 거야. 나중에야 사람들은 그게 실제처럼 촬영된 영상이라는 것을 알고 감탄했어.

이후 수많은 영화와 책, 연극, 라디오, TV 방송 같은 창작물들이 사람들의 상상력을 자극했어. 하지만 이야기 속 상황과 그걸 보고 있

뤼미에르 형제

1895년 <열차의 도착> 포스터

는 우리 사이에는 늘 틈이 있었어. 커다란 화면에서 기차가 나와도, 괴물이 나와도 사람들은 더 이상 도망치지 않아. '아. 저건 가짜구나!'라는 생각의 틈이 화면과 사람들 사이를 갈라놓았으니까. 두 번째 볼 때부터는 흥미를 느끼지 못하지.

그렇다면 가상현실 기술은 어떨까? 우리는 가상현실 속 가공의 세계를 사실적으로 느낄 수 있어. 가상현실 역시 진짜가 아니지만 영화나 책, 라디오, TV 같은 기존 창작물과 사람들 사이의 틈을 거의 없앤 셈이야. 1895년에 개봉한 영화는 화면에서 기차가 튀어나올 것 같은 느낌만 줄 뿐이었지만 가상현실에서는 실제로 보고, 손으로 느낄 수 있기 때문이지. 가짜를 진짜처럼 느끼게 된 거야.

가상현실 기술은 1895년 카페에 앉아 있던 사람들을 다시 불러냈어. 그들처럼 지금 우리는 열차가 우리를 덮칠까 봐 혼비백산할 수도 있어. 바로 진짜 현실 같은 가상현실 기술 덕분에 말이야.

이제부터 가상현실 기술이 도대체 무엇인지 좀 더 자세히 알아보자!

가상현실, 증강현실, 혼합현실 뭐가 다를까?

가상현실, 증강현실, 혼합현실은 조금씩 다른 기술이지만 가상현실이라는 큰 테두리로 묶을 수 있어.

▶ 가상현실 (Virtual Reality, VR)

가상현실은 100% 인공적으로 만든 가상 이미지 세상이야. 머리에 쓰는 안경처럼 생긴 'HMD(Head Mounted Display)' 같은 전용 기기를 쓰면 실감 나는 가상현실 세상을 보게 되지. 이곳에서 현실의 나는 가상의 나로 활동해. 가상의 나는 가상 세계를 탐험하게 돼. 참, HMD에 대해 잘 기억해 둬. 이 장치는 이제 자주 나오거든.

▶ 증강현실 (Augmented Reality, AR)

증강현실은 현실 영상에 가상의 사물을 합성해서 보여 줘. 혹은 현실 사물 위에 정보 이미지를 덧씌워 마치 원래 현실에 있는 것처럼 보이도록 하는 컴퓨터 그래픽 기법이야. 여러분의 방, 즉 현실 공간에서 가상 이미지들을 보게 되는 거지. AR 안경을 쓰거나, 스마트폰 같은 모바일 기기로도 이용할 수 있어. '포켓몬 고' 게임 알지? 대표적인 증강현실 게임이야. 증강현실에서는 현실의 내가 직접 가상의 이미지를 이용해. 즉, 현실의 내가 가상의 포켓몬을 잡으러 다니는 거야.

포켓몬 GO_ 실제 잔디밭에 포켓몬이 있는 것처럼 보이는 AR 기술을 이용한 게임. 실제 잔디밭에는 포켓몬이 없지만, 스마트폰으로 들여다보면 포켓몬이 잔디밭 위에 있는 것처럼 보인다.

▶ 증강가상현실 (Augmented Virtuality, AV)

증강가상현실에서는 가상현실 세상에 물건이나 사람 같은 실제 이미지를 합성해서 가상현실 환경과 실시간으로 상호 작용을 할 수 있어. 여러분이 HMD를 쓰고 가상현실에서 선생님이 된다고 해 보자. 귀여운 아바타들 앞에 서서, 가상현실 속 칠판에 실제 펜을 가지고 글

씨를 쓰면서 설명을 하는 거야. 이때 펜은 컴퓨터에 움직임을 기록할 수 있는, 컴퓨터와 연결된 특수한 펜이지만, 어찌 됐든 실제로 존재하는 물건이야. 즉, 현실에 있는 물건이지만 동시에 가상현실 속 가상 칠판에 글씨를 남길 수도 있지.

▶ 혼합현실 (Mixed Reality, MR)

마로의 방이 숲이나 우주로 바뀌었던 것 기억해? 그게 바로 혼합현실이야. 현실 세계 영상에 컴퓨터 그래픽(CG)으로 만든 가상현실 영상을 합성해서 현실 세계의 이해를 도와주는 거야.

예를 들어 여러분이 친구들과 체육관에 앉아 있다고 해 보자. 그때 갑자기 바닥에서 엄청나게 큰 고래가 물을 튀기며 솟구쳐 올라. 갑자기 나타난 고래에 깜짝 놀라지만 고래는 유유히 헤엄쳐 사라지지. 여러분은 고래는 물론 흩어지는 물살과 물거품, 커다란 고래가 바닷물을 가르는 소리까지 전부 듣고 볼 수 있어.

실제로는 고래도 바닷물도 없어. 이건 '매직리프(Magic Leap)'라는 혼합현실 제작 기업이 2015년에 만든 혼합현실 콘텐츠거든.

사람들이 이 영상 콘텐츠에 놀란 이유는 체육관에 있던 아이들이 전용 기기 없이도 사실적인 홀로그램을 통해 비현실적인 광경을 현실감 있게 볼 수 있었기 때문이야. 현재 혼합현실 기술은 홀로그램 영상이나 실물과 똑같이 제작한 3D 영상을, 5G와 같은 빠른 네트워크 환경에서 끊김 없이 현실에 적용하면서 더욱 발전해 나가고 있어. 혼합현실은 앞으로가 정말 기대되는 기술이야!

가상현실을 '진짜'처럼 느끼게 하는 방법!

가상현실 기술에서는 무엇이 가장 중요할까? 바로 얼마나 현실과 똑같이 만드는가야. 가상 세상에 들어간 사람이 가상임을 잊고 몰입하게끔 만들어 줘야 하기 때문이지.

그렇기 때문에 "가상 세계가 진짜처럼 보이고, 진짜처럼 작용하며, 진짜처럼 들리고, 진짜처럼 느껴지게 하는 것(이반 서덜랜드, 1965)"이 가장 중요해. 가짜로 만들어진 것들을 '실제로 현재 존재하고 있는' 것처럼 '느껴지게' 해야 하는 거지. 진짜 같은 가짜를 만들어야 하는 거야. 어떻게 그렇게 할 수 있을까?

우리 뇌는 굉장히 복잡하고 정교하지만 의외로 잘 속아. 눈속임, 즉 착시를 예로 들어 볼까?

여러분이 다리를 건너려는데 갑자기 다리 밑이 푹 꺼지고 동그란 의자와 밝게 빛나는 초 한 자루가 눈앞에 나타난다고 상상해 봐. 아무 생각 없이 걷다가 정말 깜짝 놀라겠지? 그런데 저 의자와 거대한 초는 실제로 있는 게 아니야. 그저 그림일 뿐이지.

이런 걸 '트릭 아트'라고 해. 바로 착시 현상을 이용한 눈속임이야.

착시는 우리 뇌가 지닌 특징 때문에 일어나. 우리 눈에는 어떤 물체

트릭 아트 기법을 사용한 그림

가 있다가 사라져도 그 물체의 형태와 색이 잠시 남아. 정확히는 뇌가 방금 본 물체의 형태와 색을 잠시 기억하고 있는 거야. 여기에 빛의 굴절과 의도적인 눈속임까지 더해지면 착시는 마치 현실처럼 느껴지지.

이러한 눈속임은 특정 지점에서 볼 때만 가능해. 몇 센티미터만 벗어나도 감쪽같이 사라져. 만약 여러분이 저 다리를 건너고 있다면 실재가 아닌 그림이라는 걸 금방 알아차릴 거야. 그래서 진짜 같은 가상 현실을 만들고 싶다면, 어떤 시점에서 봐도 착시가 이어져야 해.

이를 위한 기술이 있어. 바로 머리 움직임을 추적하는 기술인 '헤드 트래킹(Head Tracking) 기술'이야. 머리에 HMD를 쓰면 기기에 장착된 헤드 트래킹 기술이 머리의 움직임을 감지해. 그리고 우리가 움직이는 방향에서 볼 수 있는 영상을 바로 보여 주는 거지.

만약 헤드 트래킹 기술 없이 갑자기 뒤를 돌아본다면 HMD가 뒤편의 영상을 보여 주지 못할 거야. 그렇다면 아무리 훌륭한 그래픽으로 만들어진 세상이라고 해도 중간에 영상이 끊기겠지. 영상이 끊기면 바로 가짜라는 생각이 들 거야. 헤드 트래킹 기술 덕분에 사람들은 가상현실을 진짜 현실처럼 느낄 수 있어.

신통방통 가상현실 기기는 어떤 원리로 만들까?

사람은 시각, 즉 눈으로 가장 많은 정보를 얻어. 그런데 왼쪽 눈과 오른쪽 눈은 사물을 볼 때 아주 미세하게 각도가 차이나. 두 눈의 사이가 보통 65mm 정도 떨어져 있거든! 그래서 왼쪽과 오른쪽 눈에 보이는 사물의 모습이 미묘하게 달라. 이것을 좀 어려운 말로 '양안 시차'라고 해.

우리 눈은 이 미세한 차이를 통해 사물이 얼마나 멀리 있고, 또 얼마나 가까운지 알아차려. 그래서 한쪽 눈을 감으면 거리감을 잘 느낄 수 없지. 뇌는 두 눈이 서로 다르게 본 정보를 가지고 하나의 3차원(3D) 입체 이미지를 만들어 내거든. 2차원 평면 정보와는 달리, 3차원 입체 영상은 깊이와 공간이 나타나 무척 사실적이야.

가상현실 기기는 이러한 눈과 뇌의 특징을 이용해 설계되었어. 마치 사람 눈처럼 두 개의 렌즈를 통해 시야의 각도를 조절해. 그래서 실제 사물이 있는 것 같은 원근감을 만들어 내지. 그 덕분에 평면의 화면 안에서도 현실처럼 3차원 입체감을 느낄 수 있어. 뇌가 하는 역할을 가상현실에서는 가상현실 기기가 하는 거지.

오큘러스 1,2_ 대표적인 VR 기기인 오큘러스 퀘스트 2의 실제 모습. 사람의 두 눈처럼 기기 안쪽에 두 개의 렌즈가 들어 있다. ©현부연

가상현실을 만끽하려면 어떤 것들이 필요할까?

지금 나는 축구를 하고 싶은데, 밖에 나갈 수 없어. 이럴 경우 가상 축구장에서 축구를 할 수 있다면 어떨까? 자, 가상 축구장을 만드는 방법은 크게 두 가지가 있어.

첫째, 실제 축구장 풍경을 찍어서 가상현실 영상으로 만드는 거야. 이때는 특수 카메라로 사방 '360도를 전부 촬영'해야 해. 요즘은 목걸이 형태의 360도 촬영 카메라가 우리나라에서 개발되었고 가격도 비교적 저렴해. 일반 사람들도 취미 삼아 가상현실 영상을 만들 수 있지.

둘째, 컴퓨터 그래픽으로 축구장 영상을 만드는 거야. 그런데 잠깐. '컴퓨터 그래픽'이 뭘까? 간단히 말하면, 컴퓨터로 그림을 그리는 것이야. 이를 위해서는 컴퓨터와 각종 소프트웨어, 기기가 필요해. 그것들로 사람의 손으로 표현하기 힘든 색, 명암, 형태, 애니메이션 같은 영상을 만드는 거지. 실제 같은 하늘과 잔디, 골대 등을 3차원 애니메이션 영상으로 만들려면 당연히 <mark>뛰어난 그래픽 기술</mark>이 필요하겠지?

또한 우리가 HMD를 쓰고 가상현실 축구를 한다면 움직이는 대로 바로바로 눈 위치에 맞는 그래픽(하늘, 잔디, 골대 같은 축구장 모습)이 펼쳐져야 해. 따라서 모든 위치의 3차원 그래픽이 필요해.

앞에서 헤드 트래킹 기술에 대해 말했지? 가상현실이 진짜처럼 보이려면 ==지금 내가 보는 부분이 어딘지==만 따라가서는 안 돼. 옆, 뒤는 물론 위아래까지 모든 화면을 미리 디스플레이에 전송해야 하지. 그래야만 무언가 바라보는 순간, 거기에 맞는 그래픽을 바로 보여 줄 수 있거든. 즉, 내가 공을 보다가 골대를 바라보면 화면은 공과 축구장 잔디를 보여 주다가도 ==바로== 골대를 보여 줘야 한다는 거지.

스마트폰으로 하는 축구 게임은 그냥 위에서 내려다보는 평면 축구장만 보여 주면 됐어. 하지만 가상현실은 360도를 전부 보여 줘야 해. 당연히 평면보다 그래픽 데이터의 양이 엄청나게 많이 필요해. 이렇게 많은 데이터를 빠르게 보내려면, 데이터와 기기를 연결해 주는 네트워크 통신망(흔히 기가 와이파이, LTE, 5G 등을 말해)이 꼭 필요해.

멋진 그래픽과 뛰어난 네트워크 통신망이 준비되었다면, 마지막으로 꼭 필요한 게 있어. 바로 '가상현실 기기'야.

마치 진짜 같은 시각과 촉각을 책임진다! 가상현실 기기

HMD를 착용한 모습

가장 대표적인 가상현실 기기인 HMD는 머리에 써서 눈앞에 영상을 보여 주는 가상현실 디스플레이 장치야. 1968년 유타 대학교의 이반 서덜랜드(Ivan Sutherland)가 최초로 만들었지. 현재는 다양한 회사에서 HMD가 만들어지고 있어. 그런데 눈으로 보는 장치인 HMD만으로는 가상현실을 완벽하게 체험하기는 어려워. 아무리 현실 같은 축구장을 본다고 해도 상쾌한 바람이나 부드러운 잔디, 공에 맞아 휘청거리는 골대의 소리 등을 느낄 수 없다면 진짜 축구장에 있는 기분이 들지 않을 테니까.

완벽한 가상현실을 체험하고 싶다면 우리와 똑같은 오감 즉, 시각, 청각, 촉각, 미각, 후각이 필요해. 현재 기술로는 오감을 모두 쓸 수는 없어. 하지만 시각과 함께 촉각을 느끼게 하는 것은 가능하지. 힘이나 진동, 충격, 움직임을 느끼게 하는 옷, 장갑, 조종 장치를 쓰는 거야. 이 촉감 기술을 '햅틱 기술'이라고 해. 햅틱 기술이 들어간 옷을 입고 장갑을 낀 채로 가상현실에서 축구를 한다면 어떨까? 공을 찼을 때

옷에 붙은 시스템이 전기 신호를 몸으로 보내서 진짜로 공을 찬 느낌을 받을 거야.

또한 '모션 시뮬레이터(Motion Simulator)'도 필요한데, 이것은 움직임을 가상으로 느끼게 해 주는 장치야. 이 중 러닝 머신처럼 생긴 시뮬레이터가 있어. 그 위에서 뛰면 마치 축구장에서 뛰는 것처럼 느껴져. 이 외에도 자동차의 운전석, 비행기나 배의 조종석(콕핏)과 같은 시뮬레이터도 있어. 여기에 타면 항공기나 배 등을 가상으로 체험할 수 있지. 그밖에 증강현실과 혼합현실을 위한 기기들이 있어.

증강현실 시각 기기_ 증강현실 시각 기기를 사용하는 모습. 스마트 기기에서 라이다 센서를 활용해서 증강현실을 경험할 수 있어.
라이다(LiDAR, Light Detection and Ranging)는 빛이 물체에 닿았다가 반사되어 돌아오는 데 걸리는 시간을 재서 거리를 파악하는 기술이야. 라이다를 활용해서 스마트 기기로 가상의 물체를 현실에 겹쳐 보려면 현실에 있는 실제 물체들의 위치를 정확하게 알아야 해. 물체들의 위치를 정확하게 알면, 라이다 센서가 실제 물체들 간의 거리를 파악해서 가상의 물체를 적절한 곳에 배치하는 거지.

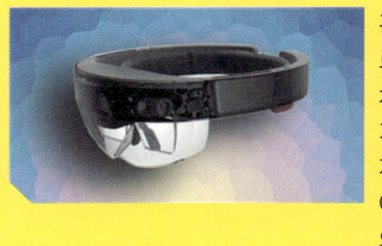
혼합현실 시각 기기_ 혼합현실 시각 기기 마이크로소프트 홀로렌즈(Hololens)의 모습이야. 안경처럼 생긴 이 투명한 기기는 평소에는 증강현실 기기로 쓰다가 가상현실이 필요할 때면 불투명해지면서 가상 공간을 눈앞에 만들어 내. 건설 현장에서 문제점을 찾을 때나 군사 분야, 우주 산업, 의료 산업 등에서 사용해. 이 홀로렌즈를 이용해서 미국 나사의 아르테미스 프로젝트를 수행할 유인 유주선 오리온을 조립했어. 우주선을 만드는 데 필요한 정보를 홀로렌즈가 바로바로 시각화해서 작업자들이 다른 공간에 있어도 정확하고 빠르게 작업할 수 있었어.

가상현실 기술에도 문제가 있어!

가상현실은 쉽게 말해서 뇌를 속이는 거야. 진짜 몸은 여러분의 방에 있지만, 뇌는 지금 우주를 유영하고, 롤러코스터를 타고, 패러글라이딩을 탄다고 알지. 우리가 가상현실에서 멋진 체험을 하는 동안에도 우리 감각 기관은 보고, 만지고, 듣고, 냄새 맡는 등 뇌에서 내린 명령을 충실히 수행해.

그런데 이렇게 과학 기술로 우리의 '뇌'를 계속 속여도 괜찮은 걸까? 가상현실은 뇌가 받아들이는 것과 몸이 받아들이는 것이 달라. 그래서 자연히 멀미가 날 수밖에 없어. 이런 것을 '디지털 멀미'라고 해.

이 디지털 멀미는 일시적이지만 반복될 경우 몸의 평형을 맡은 전정 기관의 기능이 약해져서 방향 감각을 잃게 돼. 그 외에도 현기증, 매스꺼움, 두통, 강박증 등에 시달릴 수도 있어. 또한 빛의 깜박임으로 인해 눈이 나빠지거나 현기증이 일어날 수도 있지.

문제는 그뿐만이 아니야. 초창기 HMD의 경우 너무 무거워서 목이 아팠어. 최근에는 300g~700g 정도로 많이 가벼워졌지만 오래 쓰면 여전히 머리의 무게 중심이 앞으로 쏠려. 이때 목에 가해지는 무게는 평소보다 다섯 배 이상 커져서 목뼈와 근육, 인대를 다칠 수 있어. 앞으로도 많은 고민이 필요한 부분이야.

이번 정거장에서는 '가상현실 기술'이 어떻게 발전해 왔는지, 어떤 사람들이 가상현실을 만드는지 알아보려고 해. 가상현실 게임 속에 들어간 새롬이가 특별한 사람과 함께 여행을 떠난 대. 함께 만나러 가 볼까?

이야기 둘

가상현실에 이렇게 많은 사람들이 참여한다고?

가상현실의 역사와 관련 직업들

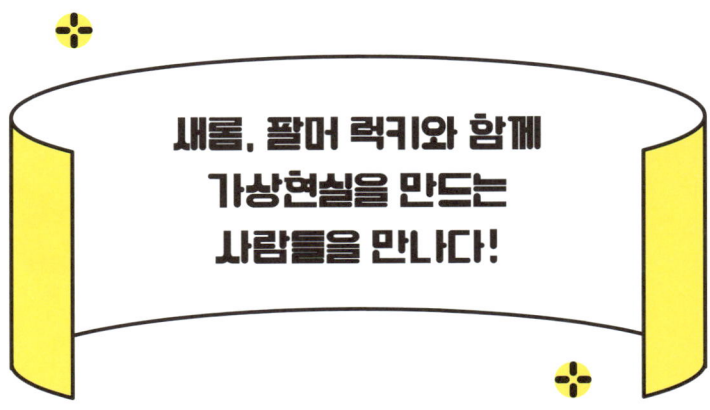

새롬, 팔머 럭키와 함께
가상현실을 만드는
사람들을 만나다!

HMD를 쓴 새롬이는 새로 산 가상현실 게임을 막 시작한 참이었다.

"와. 진짜 하늘 같아!"

게임 속에는 맑고 파란 하늘이 펼쳐져 있었다. 싱그러운 나무들을 배경으로 이층집과 그 앞에 낡은 캠핑카가 보였다. 새소리와 윙윙대며 벌이 날아다니는 소리도 들렸다. 진짜 현실 같았다.

'게임을 시작합니다. ID 새로미 은(는) 팔머 럭키를 찾아 주세요.'

풍경에 감탄하던 새롬이에게 알림이 왔다.

'아, 나 게임 중이었지!'

새롬이는 얼른 알림을 확인했다. 이 게임은 팔머 럭키의 아바타와 함께 가상현실 직업 세계를 탐험하는 교육용 게임이다. 팔머 럭키는 '오큘러스 리프트'라는 가상현실 HMD를 만든 사람이다. 그런데 팔머 럭키를 찾아야 한다고? 팔머랑 같이 게임하는 거 아니었어?

"아. 설명서를 보고 들어올걸."

또다시 새롬이는 '하다 보면 되겠지' 하는 마음으로 게임에 들어온 걸 후회했다. 그렇다고 다시 로그아웃해서 설명서를 보기는 귀찮았다.

"에이, 좋아! 나랑 숨바꼭질을 하자 이거지?"

새롬이는 캠핑카로 향했다. 팔머가 집 앞의 캠핑카에서 지내며 HMD를 만들었다는 이야기는 유명했으니까.

"실례합니다."

새롬이는 캠핑카의 문을 열었다.

"잉? 아무도 없잖아?"

캠핑카 안에는 팝콘 부스러기와 빈 음료수 병, 납땜 인두기, 분해된 스마트폰, 알 수 없는 장비들, 컴퓨터와 VR 게임기, 게임 소프트웨어 따위가 널려 있었다. 새롬이는 꼼꼼히 단서가 될 만한 것을 찾았다.

그때 문득 튀는 물건이 눈에 들어왔다. 실제 영상 같은 가상현실 세계에서 그것만이 묘하게 컴퓨터 그래픽 같았다.

"이게 뭐지? 안경처럼 생겼는데……."

'중요 아이템, AR 안경을 획득하였습니다.
이제부터 모든 알림은 AR 안경에 뜹니다.'

"AR? 증강현실 안경이라고?"

새롬이는 그걸 써 보았다. 그러자 실제로 AR 안경을 쓴 것처럼 눈앞에 글자가 떴다.

"와!"

'이 게임은 최종적으로 단서(스마트폰)를 찾으면 끝납니다.
팔머 럭키와 단서를 찾아 주세요.'

게임을 끝내려면 스마트폰을 찾아야 한다고? 그때 바닥에 팔머의 것으로 보이는 스마트폰 하나가 떨어져 있는 것이 보였다. 새롬이는 조심스럽게 그 스마트폰을 들었다. 스마트폰의 잠금 화면을 열자 팔머가 마지막에 본 인터넷 창이 떠 있었다. 인터넷 창에는 존 카맥(John D. Carmack II)이란 인물이 검색되어 있었다.

"존 카맥? 팔머는 왜 이 사람을 검색한 거지?"

새롬이가 존 카맥의 이름을 얘기하자 존에 대한 정보가 안경에 떴다. 존 카맥의 사진과 함께 그가 유명한 비디오 게임을 만들었으며, 팔머와 같이 일했고, AI 연구가라는 설명이었다.

새롬이는 고개를 갸웃거렸다.

"혹시 팔머가 존 카맥을 만나러 갔나? 존 카맥에게 가려면 어떻게 해야 하지?"

새롬이가 질문하자 안경에 '존 카맥에게 간다'라는 선택지가 떴다. 선택지를 클릭하자 화면이 잠시 깜빡이더니 어느새 존 카맥의 회사 안에 있었다.

"이야."

새롬이가 놀라는 것도 잠시, 눈앞에 존 카맥이 보였다. 그는 커다란 책상이 놓인 방에서 사람들과 얘기하고 있었다. 창이 커서 안이 훤히 보였다. 새롬이는 혹시 팔머도 거기에 있나 싶어서 안을 들여다보려고 했다.

"쉿."

갑작스러운 목소리에 새롬이가 놀라 뒤돌아보자 동글동글한 얼굴의 팔머가 장난스럽게 웃고 있었다.

"팔……머?"

새롬이가 팔머의 이름을 부르자, 팔머가 손가락으로 '쉿'하는 시늉을 했다.

'ID 새로미 이(가) 팔머를 찾았습니다.

팔머는 ID 새로미 을(를) 친구로 인식합니다.'

"들키면 안 돼. 우리는 몰래 들어온 거니까."

팔머는 정말 새롬이를 마치 오랜 친구인 양 대했다. 새롬이는 신기해하며 팔머에게 장단을 맞췄다.

"왜 몰래 왔어?"

"존 카맥 씨가 내 헤드셋 시작품을 써 보고 싶다고 연락을 줬어. 전설적인 게임 제작자가 내 시작품을 가지고 유명한 게임 엑스포에서 게임을 할 거라니까 궁금하잖아. 어떤 사람인지 얼굴이라도 봐야지."

새롬이는 팔머의 말에 의아해졌다.

"저 사람이 그렇게 유명해?"

"그럼. 사람들이 가상현실 기기를 찾게 하려면 좋은 콘텐츠가 있어야 해. 카맥의 게임이라면 내 헤드셋도 빛을 보겠지. 자, 이만 나가자."

새롬이와 팔머는 밖으로 나왔다. 그 순간 안경에 새로운 알림이 떴다.

'첫 번째 스테이지입니다.

ID 새로미 은(는) 팔머와 함께 갈 장소를 선택해 주세요.'

| 가상현실
공간 디자이너이자
메타버스 건축가
주공간 씨의 사무실 | 가상현실
기획자이자 게임
개발자인
김기획 씨의 사무실 | 3D 모델러
박모델 씨의 사무실 |

새롬이는 방금 존 카맥을 봐서인지 김기획 씨의 사무소가 궁금했다. 새롬이가 김기획 씨의 사무소를 선택하자 잠시 화면이 깜빡였다. 곧 새롬이와 팔머는 김기획 씨 사무실 앞에 도착해 있었다. 이 사무실도 존 카맥의 사무실처럼 커다란 창으로 둘러싸여 있었다. 둘은 창문에 매달려 안을 들여다보았다.

"오늘은 여행사에서 의뢰한 가상현실 여행 게임을 어떻게 제작할지 의논해 봅시다. 가상현실 공간 디자이너 주공간 씨도 함께 참여하게 되었습니다."

와! 디자이너 주공간 씨도 있다니!

새롬이는 신이 나 웃음을 삼켰다. 두 선택지의 인물을 한꺼번에 만난다면 단서를 찾을 확률도 높아질 것이다.

"음, 가상 여행을 경험하는 데 비중을 두는 게 좋을 거 같아요. 국내여행과 해외여행으로 나눠서 공간을 만들고 사람들이 어떤 여행을 할지 선택하게 하는 게 어떨까요? 실제 여행사 패키지처럼요. 휴양 목적, 관광 목적, 체험 목적으로 여러 선택지를 만드는 거죠."

"좋은 생각이네요. 하지만 게임인데 게임 요소도 들어가야 하지 않을까요? 실제 여행을 다닐 때 일어날 법한 일들을 게임처럼 해 볼 수 있게요. 예를 들어 호텔 예약이 잘못되어서 갑자기 잘 곳이 없어진 상황을 게임처럼 만드는 거죠."

또 다른 의견에 김기획 씨가 답했다.

"그럼 게임 스토리를 만들 '가상현실 게임 시나리오 작가'가 필요하겠네요. 시나리오 작가와 다시 한번 회의해 봅시다. 게임 스토리가 나오면 거기에 맞는 공간을 만들고요."

김기획 씨가 게임을 어떻게 제작할 건지 큰 틀을 정하면 주공간 씨가 그 틀 안에서 가상현실 공간을 어떻게 만들지 고민하고, 거기에 게임 시나리오 작가도 함께한다고? 가상현실 게임에 이렇게 다양한 분야의 사람들이 함께 일하는지 몰랐다. 새롬이에게 팔머가 말을 걸었다.

"회의 끝났나 보다. 김기획 씨한테 가 볼까?"

"응."

아까 회의실에 있던 사람들은 스마트폰 없이 태블릿 PC로 일하고 있었다. 새롬이는 김기획 씨를 만나면 스마트폰을 찾을 수 있을까 싶었다.

"엇. 안 계시네."

팔머와 함께 찾아간 김기획 씨의 사무실은 텅 비어 있었다. 새롬이는 당황했지만 침착하게 사무실을 둘러보았다. 벽에는 가상현실 게임 포스터와 국제 학술회의 포스터가 잔뜩 붙어 있었다. 책상에는 커다란 모니터와 컴퓨터, 프린터, HMD, 그리고 두꺼운 책들이 널려 있었다. 이 많은 물건 중에 스마트폰만 없다니! 게다가 스테이지에 머물 수 있는 시간이 얼마 남지 않아 점점 초조해졌다.

고민하던 새롬이는 두 번째 스테이지로 이동하기로 했다.

"팔머. 다른 데로 가자."

이번에는 주공간 씨의 사무실을 선택했다. 다행히 주공간 씨는 사무실에 있었다. 다만 일에 집중하는 중이라 말을 걸기가 어려웠다.

주공간 씨는 태블릿 PC에 설계 도면을 그렸다. 그런 다음 증강현실 앱을 작동시켜 설계 도면이 어떻게 3D로 표현되는지 살폈다. 설계를 여러 번 고치다가 컴퓨터에 앉아 그래픽 프로그램으로 공간에 둘 여

러 물건들을 그려 넣었다.

　새롬이는 주공간 씨가 일하는 모습을 보는 게 무척 재미있었다.

　"대단하네. 저렇게 만든 것들이 게임 안이나 가상현실 콘텐츠로 들어가나 봐."

　팔머의 말에 새롬이가 고개를 끄덕였다.

　"이 일도 되게 재미있을 것 같아."

　바쁘게 손을 움직이는 주공간 씨는 정말 멋있었다. 그런데 주공간 씨의 사무실에도 스마트폰은 보이지 않았다. 도대체 스마트폰은 어디에 있는 걸까?

"새롬아. 우리 다른 곳도 가 봐야지."

팔머가 재촉했다. 그러고 보니 벌써 시간이 다 되어 갔다. 새롬이는 고개를 끄덕였다. 마지막 스테이지로 3D 모델러 박모델 씨의 사무실을 선택했다.

박모델 씨는 손님과 이야기를 하고 있었다. 손님은 박모델 씨에게 일을 맡기러 온 사람 같았다. 박모델 씨는 태블릿 PC에 손님이 하는 말을 듣고 그림을 그려 넣었다.

"일단 사람을 이렇게 그리고, 이걸 3D 입체로 만든 뒤에 이 안에 뼈와 근육의 구조를 입체적으로 넣고 싶다고요?"

"네. 의과 대학 증강현실 해부 실습 때 사용할 거여서요."

"흠. 제가 의학을 전공하지 않았는데 괜찮을까요?"

"함께 일할 사람이 올 겁니다. 증강현실 해부 수업을 하실 교수님의 조교예요."

"알겠습니다. 그럼 제가 3D 컴퓨터 그래픽으로 인체를 입체적으로 만든 뒤에, 혹시 잘못된 부분이 있다면 그걸 조교님과 고쳐 나가도록 하겠습니다."

"네."

손님은 곧 일어나서 밖으로 나갔다. 박모델 씨는 손님이 나가자마자 대충 그려 둔 인체를 다시 그려서 3D로 만들었다. 새롬이는 박모델 씨가 바쁘게 일하는 걸 보며 감탄을 터트렸다.

"와. 가상현실에서 보던 입체 물건들은 다 박모델 씨 같은 3D 모델러 덕분에 탄생한 거네. 가상현실 콘텐츠를 만들기 위해 이렇게 여러 사람들이 애를 쓰는지 몰랐어."

박모델 씨는 팔머와 새롬이가 지켜보는 줄도 모르고 열심히 일하고 있었다. 그런데 박모델 씨의 사무실에도 스마트폰은 없었다. 어느새 이번 스테이지의 시간도 끝이 났는데 말이다.

새 알림이 떴다.

'게임 스테이지를 전부 열었지만 단서를 못 찾았습니다.
게임의 보너스 단계인 숨겨진 스테이지를 찾아 주세요.'

새롬이는 잠시 고민에 빠졌다. 생각해 보니 가상현실 기획자, 가상현실 공간 디자이너랑 3D 모델러까지 만나 봤는데, 정작 가상현실 기기를 만드는 제작자는 못 만났다.

새롬이는 문득 팔머를 바라보았다. 새롬이가 자신을 물끄러미 바라보자 팔머가 고개를 갸웃거렸다.

"왜 그래?"

"팔머. 캠핑카로 돌아가서 시범 제품을 구경해도 될까?"

새롬이의 말이 끝나자마자 알림이 울리고 증강현실 안경에 '히든 스테이지'가 표시됐다. 새롬이는 '팔머의 캠핑카'를 선택했다.

'히든 스테이지: 팔머의 캠핑카로 돌아갑니다.'

"자, 이건 우리를 가상현실로 보내 줄 '리프트'라고 해."

팔머는 캠핑카에 들어서자마자 새롬이에게 자신의 시작품 '리프트'를 소개했다. 기기는 테이프가 덕지덕지 붙어 있었지만 제법 가볍고 좋아 보였다.

"한번 써 봐도 돼?"

"그럼."

새롬이는 조심스럽게 기기를 써 봤다. 놀랍게도 현재 새롬이가 쓰는 HMD와 크게 다르지 않았다. 작은 캠핑카에서 혼자 이렇게 훌륭한 헤드셋을 만들다니.

팔머의 리프트를 벗으면서 새롬이가 물었다.

"어떻게 이런 기기를 만들게 된 거야?"

새롬이의 질문에 팔머는 턱을 긁으며 곰곰이 생각했다.

"어떻게 했더라? 음. 우선 인터넷으로 컴퓨터 공학 강의를 듣고 집 근처에 있는 전문 대학에서 전자 공학을 배웠어. 원래 게임을 좋아해서 게임기를 만들다가 가상현실 기기를 만들고 싶다는 생각이 들었지. 그래서 일단 가상현실 기기를 사서 분해한 다음에 다시 조립했어. 가상현실에 관심 있는 사람들의 모임에 내가 만든 걸 올려서 얘기도 들었고."

"우아. 대단해!"

"하하. 그런데 이 아이는 시작품이고 내 목표는 스마트폰 같은 VR 기기를 만드는 거야. VR 기기가 스마트폰만큼 사용하기 편리하고 합리적인 가격이라면 사람들이 가상현실에 더 많이 관심을 갖겠지. 물론 가상현실 콘텐츠나 앱, 그것을 실행할 메타버스 플랫폼들이 더 많아져야겠지만."

팔머가 새롬이를 바라보며 또박또박 말했다. 아! 갑자기 새롬이의 귀가 번쩍 띄었다. 스마트폰이라고? 어쩌면…….

"앗! 말 그대로 스마트폰이란 단어가 단서였어."

세상에! 답은 아예 처음부터 있었다. 새롬이는 그제야 눈치채고 허탈한 표정을 지었다. 팔머는 그런 새롬이를 보며 쿡쿡 웃었다. 새롬이의 눈이 새초롬해졌다.

"혹시 알고 있었어? 스마트폰을 찾는 게 아니라 스마트폰이라는 말 자체가 답이라는 걸?"

"응. 네가 스마트폰의 의미를 깨닫고 '단서는 스마트폰이다'라고 내게 말해 주면 됐거든."

팔머가 이어 말했다.

"정말 '스마트폰처럼 아주 얇은 형태의 VR 기기가 나오기 전에는 가상현실이 당장 우리 삶을 변화시키지는 못할 거'야. 그런 의미에서 스마트폰이란 단어는 앞으로 가상현실 기술의 미래를 여는 중요한 열쇠가 되겠지."

팔머의 말에 새롬이의 눈이 반짝 빛났다. 스마트폰처럼 모두가 가상현실 기기를 들고 다니는 세상이라니. 새롬이 역시 그런 세상을 만들고 싶었다.

새롬이는 남몰래 꿈꿨던 속마음을 팔머에게 털어놓았다.

"나도 앞으로 스마트폰처럼 누구나 편하게 사용할 수 있는 가상현실 기기를 만들고 싶어."

팔머는 새롬이를 보며 빙긋 웃었다.

"기대할게."

팔머의 말이 끝나자 게임도 끝났다. 새롬이는 상기된 얼굴로 기기를 벗었다. 방금 일어났던 일이 너무 현실 같았다. 게임 속 팔머가 진짜 팔머 럭키 같아서 기분이 이상했다.

새롬이는 책상 위에 놓인 자기 스마트폰을 보았다.

'팔머의 말대로 모든 사람이 가상현실 기기를 스마트폰처럼 가지고 다니는 날이 올까?'

새롬이는 두근거리는 마음으로 크게 기지개를 켰다. 그런 날이 빨리 오도록 열심히 노력해야겠다는 생각이 들었다.

PLAY

가상현실과 메타버스를 만드는 사람들
그리고 가상현실의 과거, 현재, 미래

가상현실, 메타버스를 만드는 사람들

　현재 가상현실 기술은 다른 기술과 결합해서 우리 생활에 쓰이고 있어. 앞으로는 지금보다 더 여러 방면에서 쓰이고, 더욱 다양한 사람들과 함께하게 될 거야. 그렇다면 가상현실 전문가들은 어떤 일을 하는지 자세히 알아볼까?

▶ **가상현실 디바이스 연구 개발자**

<mark>가상현실 디바이스 연구 개발자</mark>라니, 말이 어렵지? 여기서 '디바이스'는 <mark>장치</mark>를 뜻해. 즉 HMD나 스마트 안경처럼 가상현실을 맛보게 하는 장치를 만드는 사람이야. 바르 새롬이가 꿈꾸는 직업이지. 이 일을 하려면 컴퓨터 공학이나 전기 전자 공학을 공부해야 해.

▶ **가상현실 공간 디자이너**

가상현실과 메타버스에서 다양한 공간을 설계하고 적절한 환경을 만드는 사람들이야. 최근에는 <mark>메타버스 건축가</mark>라고도 해. 가상 하늘, 가상 숲, 가상 가게 같은 가상의 공간과 사물들을 만들어. 예를 들어 가상 세계인 메타버스 안에 놀이공원을 만든다고 하자. 단순한 놀이 기구뿐 아니라 새파란 하늘과 꽃밭, 기념품을 파는 가게도 만들어야 할 거야. 그래서 컴퓨터 프로그램과 공학 기술뿐 아니라 디지털 설계 감각도 필요해. <mark>가상현실 디바이스 연구 개발자</mark>, <mark>가상현실 기획자</mark>, 홀로그램 콘텐츠를 만드는 <mark>홀로그램 콘텐츠 제작자</mark>, <mark>그래픽 디자이너</mark>, <mark>컴퓨터 프로그래머</mark> 등과 함께 일하게 될 거야.

▶ 가상현실 기획자

　게임, 여행, 교육, 쇼핑 등 다양한 가상현실 콘텐츠와 시스템을 만드는 사람이야. 창의적이고 상상력이 풍부해야 하겠지. ==가상현실 공간 디자이너==와 함께 일하며 가상 세계의 모습을 만들어 내지. 또 ==가상현실 촬영팀==과 협동해서 영상을 만들기도 해. 이렇게 개발한 가상현실 콘텐츠를 시험해 보고 오류나 문제점을 발견하면 고치는 일도 해. 컴퓨터 지식뿐 아니라 3D 활용 능력과 컴퓨터 프로그래밍 언어, 360도 시야 기술과 조작 능력 등이 필요해.

▶ 3D 모델러

　평면에 그린 물건이나 캐릭터, 배경 등을 3D 컴퓨터 그래픽을 사용해서 입체적으로 만드는 사람이야. 3D 모델러가 되기 위해서는 3D를 만드는 프로그램에 능숙해야 해. 공간을 아름답게 만드는 조형 감각도 필요하지. 게임, 의학, 과학 등 폭넓은 분야에서 활약하며 ==가상현실 공간 디자이너==와 함께 일하는 경우가 많아.

▶ 가상현실, 메타버스 게임 개발자

　컴퓨터나 휴대폰으로 하는 가상현실 게임을 만드는 일을 해. 프로

　그래밍을 해서 전체 게임과 캐릭터 등을 구현해 내는 게임 프로그래머와 게임 속 이야기를 만드는 게임 시나리오 작가, 게임의 원화를 그리고 컴퓨터 그래픽 등을 담당하는 그래픽 아티스트, 게임의 음악을 제작하는 사운드 크리에이터, 게임이 완성되는 과정을 관리하는 총감독, 게임의 홍보와 판매를 도맡는 게임 프로듀서까지. 복잡하고 규모가 큰 게임일수록 많은 사람들이 일을 나누어서 게임을 만들어.

　가상현실 게임 개발자는 컴퓨터 프로그래밍, 건축과 공간, 데이터, 수학 지식을 갖추고, 다른 사람들과 협력해. 사람들이 어떤 것을 좋아하는지 늘 관심을 기울인다면 좋은 게임을 만들 수 있을 거야.

▶ 아바타 디자이너

현재 가상 세계에서 가장 중요한 게 뭘까? 바로 실제의 나 대신 가상 세계 안에서 사람들과 만날 아바타라고 할 수 있어. 특히 메타버스 플랫폼에서는 현실에 있는 기업들이 거울 속 세상처럼 가상 세계로 들어오지. 그래서 그저 예쁜 아바타를 만드는 데 그치지 않고 기업의 문화 등을 상징하는 아바타를 만들어야 할 때도 있어. 아바타 디자이너가 되기 위해서는 미술 소양뿐 아니라 인문학적 소양도 필요해.

▶ 첨단 과학 기술 윤리학자

급격하게 과학 기술이 발전하면서 우리는 이전과 다른 윤리 문제를 맞닥뜨리게 되었어. 미래에는 이러한 과학 기술의 윤리적 문제를 전문적으로 다루는 학자나 변호사, 판사 등이 생겨날 거야.

이미 1998년에 유네스코 세계과학기술윤리위원회(COMEST)가 만들어졌어. COMEST는 정보 보호, 인간 복제, 유전자 조작 등 과학 기술로 인한 사회적인 영향력과 문제들을 찾아내고 적절히 대응하려고 노력하지.

미래의 첨단 과학 기술 윤리학자들은 정부나 특정 기업의 연구원, 혹은 COMEST와 같은 기구에서 활동할 수 있을 거야. 윤리학자들은 과학 기술이 사회에 어떤 영향을 줄지 파악할 수 있는 통찰력이 있어야겠지? 철학부터 과학, 법까지 다양한 학문을 공부해야 해.

가상현실 기술의 역사를 살펴볼까?

'가상현실'이란 말을 널리 퍼트린 사람은 미국의 컴퓨터 과학자 재런 러니어(Jaron Lanier)야. 그는 1985년 VPL Research란 회사를 세워 머리에 쓰고 장갑으로 끼는 가상현실 조종 장치를 개발했지.

그런데 가상현실 기술은 1985년보다 훨씬 전인 19세기부터 시작됐어. 1833년 물리학자 찰스 휘트스톤(Charles Wheatstone)이 세계 최초로 입체 도면을 만든 뒤, 1838년에는 거울을 이용해서 한 쌍의 입체 영상을 볼 수 있는 스테레오스코프(Stereoscope)를 발명했거든.

오늘날 3D 디스플레이 기술의 시작인 셈이지.

가상현실의 시대가 본격적으로 열린 건 1968년 미국 유타 대학교의 이반 서덜랜드가 제자인 밥 스프럴과 함께 '실험적인 3D 디스플레이 HMD'

올리버 웬델 홈스가 만든 스테레오스코프
ⓒOliver Wendell Holmes(1860)

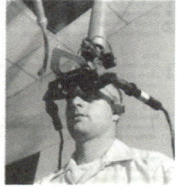

1968년 이반 서덜랜드가 만든 HMD의 모습이야.
ⓒJPR(John Peddie Research)

리처드 웨스톨이 그린 '다모클레스의 검'이야.

를 만들면서야. 머리에 쓰는 이 장치는 렌즈가 많이 달려서 너무 무거웠어. 그래서 머리 쪽에 고정 장치를 달아야 했지. 천장에 부착하는 방식 때문에 '다모클레스의 검'이란 별칭이 있어. 그 후 1990년대 초까지 다양한 기기들이 만들어졌어.

1969년 미국 항공 우주국(NASA)에서 달 우주 탐사선 아폴로 계획을 진행하면서 가상현실 기술이 본격적으로 쓰이기 시작했어. 승무원들을 훈련시킬 컴퓨터 시뮬레이션 시스템을 만드는 데 사용한 거야.

그리고 2015년에 기어 VR, 2016년 오큘러스 리프트, HTC VIVE, 플레이스테이션 VR과 같이 작고 가격도 적당한 기기들이 나오면서 가상현실은 대중의 많은 관심을 끌었지!

가상현실 기술은 어디까지 와 있을까?

　1990년대 이후 사람들은 모두 가상현실 기술을 겉포장만 화려하고 알맹이는 신통치 않은 기술이라고 평가했어. 이론은 그럴싸했지만 현실에서 두루 사용하기는 어려웠거든.

　사람들은 당장 사용이 가능한 인터넷에만 관심을 가졌어. 가상현실은 의료나 자동차 디자인, 군사 훈련, 게임용으로 주로 사용됐지. 그러다 2010년대에 들어 일반 사람들이 사용할 만한 HMD가 나오면서 각광받아. 하지만 가상현실 기술이 스마트폰처럼 널리 사용되려면 여전히 넘어야 할 문턱이 많아.

　아직까지는 가상현실 기기가 쓰임새에 비해 비싸거든. 모든 세대의 사람들이 가상현실을 즐기기에는 콘텐츠도 적지. 디지털 멀미와 같은 건강 문제도 있어. 개인 정보 보호와 안전 문제도 해결해야 해.

　가상현실 속에서 좀 더 생생한 체험을 하게 되었을 때 사람들은 현실과 가상현실을 혼동할 수도 있어. 예를 들어 전쟁 게임을 가상현실로 즐긴다고 해 보자. 전쟁 상황을 평면 모니터가 아니라 가상현실 속에서 생생하게 체험한다면 어떻게 될까?

　게임에 지나치게 몰입하게 되면서 자신도 모르게 전쟁을 직접 겪은 것처럼 느낄 수도 있어. 때문에 폭력성을 주변에 드러내거나 심한 경우 범죄를 저지르게 될 수도 있지.

이뿐만 아니라 기업들이 소비자의 잠재의식을 임의로 조작할 위험도 있어. 가상현실이 사업적인 성장보다는 사람에게 행복을 줄 수 있는 기술로 발전해 나가야 하는 이유지.

하지만 가상현실이 쓸모없는 기술로 취급받다가 사라질까? 한때는 인공 지능이나 사물 인터넷도 영화에서나 가능한 일이라고 생각했어. 그런데 지금은 없는 것이 이상할 정도로 우리 삶에 다양하게 쓰이고 있지. 기술의 미래는 어떻게 될지 누구도 알 수 없어. 그래서 우리는 눈과 귀를 열고 기술의 가능성을 편견 없이 봐야 해.

메타버스 세상! 가상현실의 미래는 어떤 모습일까?

앞으로 가상현실은 더 사실적인 영상으로 산업과 일상에 사용될 거야. 의료, 제조, 국방, 스포츠, 문화, 교육, 건축 등 전 분야에서 활용될 거야.

최종적으로는 메타버스 세상이 본격적으로 펼쳐지게 되겠지. 메타버스는 사람들이 아바타를 통해 사회, 경제, 문화적 모든 활동을 할

==수 있는 3차원 가상 세계로== ==디지털 지구==라고 할 수 있어. 메타버스의 활용 가능성은 무궁무진해.

2020년에 치른 미국 대통령 선거 유세에서 당시 조 바이든 민주당 후보는 메타버스, 즉 가상 공간에서 선거 유세를 했어. 닌텐도 게임 '동물의 숲'에 마련된 바이든 선거 캠프에서 바이든 아바타가 선거 운동을 했지. 당선이 확정되고서는 다른 아바타들과 파티도 즐겼어.

우리나라에서도 2020년 어린이날에 마인크래프트 속 가상 청와대에서 아이들을 초대해 함께 청와대 나들이를 했지. 또 국립중앙도서관은 '실감서재', '증강현실 뮤지컬' 등을 통해 가상 세계로 도서관 공간을 넓히고 있어.

아직 공상 과학 소설에 나온 것처럼 완벽한 가상 세계 속 메타버스는 아니야. 하지만 앞으로 스마트폰처럼 누구나 쉽게 사용하는 가상현실 기기가 개발된다면 메타버스는 더욱 멋진 형태가 될 거야. 그리고 이 새로운 공간을 어떻게 활용해 나갈지는 여러분의 손에 달려 있어!

이런! 새롬이와 마로의 친구에게 무슨 일이 생긴 모양이야. 이번 정거장에서는 가상현실을 이용해서 어떻게 친구를 도울 수 있을지 생각해 보자. 그럼 출발!

이야기 셋

내 친구 늘봄이의 꿈을 지켜 줘!

어렵고 힘든 문제를
기상천외하게 해결해 주는
가상현실 기술에 대하여

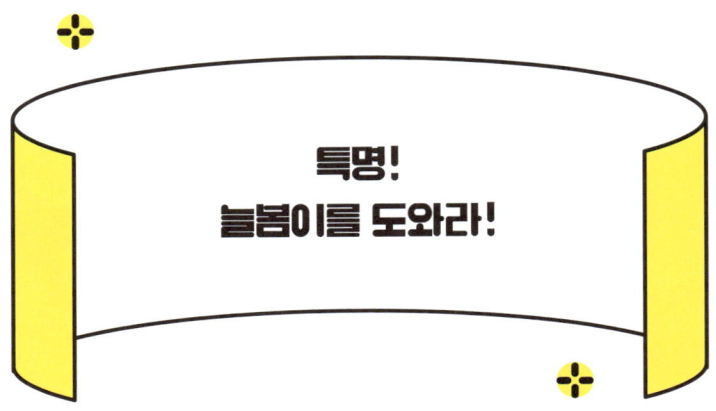

특명!
늘봄이를 도와라!

"얼굴이 왜 그래? 무슨 일 있어?"

어쩐지 기운이 없어 보이는 마로에게 새롬이가 다가가 물었다. 마로는 속상한 얼굴로 한숨을 내쉬었다.

"늘봄이가 말이야."

"늘봄이?"

"응. 지난달부터 늘봄이가 눈이 아프다면서 연습을 쉬었거든. 시력이 많이 안 좋아져서 안경을 써도 악보가 잘 안 보이나 봐. 그래서 오케스트라를 그만둘 것 같대. 엊그제 마지막 인사를 하고 갔어."

"아……."

새롬이는 뭐라고 위로하면 좋을지 몰라서 좀처럼 말을 꺼내지 못했다. 옆 학교를 다니는 늘봄이는 바이올린을 하는 친구다. 마로와는 토요일마다 오케스트라 연습을 같이해서 무척 친했다. 새롬이 역시 여러 번 마로랑 늘봄이와 함께 놀았다.

새롬이도 늘봄이 걱정에 침울해졌다.

수업이 끝날 무렵 마로는 가방을 싸는 새롬이에게 다가와 물었다.

"새롬아. 너 혹시 지금 시간 있어?"

"응. 왜?"

"그럼 우리 집에 갈래?"

새롬이는 흔쾌히 고개를 끄덕였다. 늘 마로네 집에 가면 게임을 했으니까 오늘도 게임을 하려는 것 같았다.

집에 도착하자마자 마로는 컴퓨터부터 켰다.

"우리 지난번에 게임 베타 테스트를 했던 거 기억나?"

"응."

"그때 게임 회사 누리집에서 봤던 게 생각나서."

"뭔데?"

마로는 긴장한 얼굴로 즐겨찾기 메뉴에서 게임 회사를 찾았다. 회사 공식 누리집에 들어간 마로가 무언가를 발견했다. 새롬이도 화면을 얼른 들여다보았다.

"시각 장애인들을 위한 VR 기기?"

시각 장애인이라는 말에서 새롬이는 마로를 쳐다보았다. 마로 역시 새롬이와 눈빛을 주고받았다. 시력이 매우 나쁜 사람들이 이 기기와 연결된 애플리케이션을 이용하면 뿌옇게 보이는 사물이 뚜렷하게 보인다는 설명이 있었다.

"스마트폰의 카메라를 통해 보이는 영상을 VR 기기에서 장애 유형에 맞춰서 시각 장애인이 알아보기 쉽게 바꿔 준다고? 마로야. 가상현실은 게임만 있는 게 아니었어?"

"그런가 봐. 혹시나 했는데 진짜 '앞이 보이게' 해 주는 기계였어."

마로는 문득 원리가 궁금해졌다.

"그런데 어떻게 가상현실 기술로 안 보이는 걸 보이게 한다는 거지?"

새롬이는 누리집에 나온 설명을 소리 내어 읽었다.

"원리는 사물의 윤곽선을 강조하고 색의 밝기와 대비를 조정하거나 화면에 색상 필터를 씌운대. 그러면 시야가 뿌옇고 빛 번짐이 있거나 고도 근시를 겪는 시각 장애인들이 글자나 사물을 뚜렷하게 볼 수 있대."

"오. 딱 늘봄이를 위한 거네!! 후기를 봐야겠다."

"그런데 마로야. 이거 좀 이상하지 않아?"

"뭐가?"

"업데이트가 2년 전에 멈춰 있어. 사용 후기도 없고."

"어? 그러네."

새롬이가 말한 대로 기기에 대한 설명 글은 딱 2년 전까지만 올라와 있었다.

마로와 새롬이는 혹시 몰라 이 애플리케이션과 관련된 기사들을 찾아보았다. 하지만 이 VR 기기와 애플리케이션에 대한 기사도 가장 최근 것이 2년 전 기사였다.

"이제 안 나오는 제품인가 봐. 늘봄이가 써 보면 좋을 것 같은데."

마로의 말에 새롬이는 생각에 잠겼다.

"우리가 이 제품을 만든 개발자한테 연락해 볼까?"

새롬이의 말에 마로의 눈이 휘둥그레졌다.

"개발자한테?"

"응. 지금도 이걸 개발하고 있는지 물어보자. 만약 개발하지 않는다면 꼭 필요한 물건이니까 나왔으면 좋겠다고 말해 보는 거야. 밑져야 본전이니까."

"좋아!"

새롬이는 누리집에 있는 개발자의 메일 주소로 메일을 보냈다. 하지만 다음날이 되어도, 그다음 날이 되어도 답장은 오지 않았다.

"분명 봤는데, 왜 답장이 안 오지?"

메일이 수신 확인된 걸 보면서 새롬이가 말했다. 시무룩하게 메일함을 살펴보는 마로에게 새롬이가 물었다.

"혹시 우리가 초등학생이라 무시하는 걸까?"

"에이. 설마."

"엄마한테 부탁해 볼까?"

새롬이가 풀이 죽어 말했다.

"아냐. 우리가 하자. 이번에는 내가 쓸게."

마로가 단호하게 말했다. 친구 늘봄이의 일이다. 우리끼리 해내고 싶다. 마로의 속내를 눈치챈 새롬이가 밝은 목소리로 맞장구를 쳤다.

"응. 알았어. 그리고 만약 이번에도 답장이 안 오면 매일 메일을 보내는 거야. 어때?"

"좋았어. 누가 이기나 해 보자고."

투지가 불타오른 마로가 눈을 반짝였다.

보내는 사람 신마로

받는 사람 ＊＊개발팀

제목 시각 장애인을 위한 VR 앱에 관하여 질문이 있습니다.

안녕하세요. 저는 화랑 초등학교 5학년 3반 신마로라고 합니다. 다름 아니라 제 친구가 바이올리니스트를 꿈꾸고 있는데, 최근 시력이 나빠져서 악보를 잘 볼 수 없게 되었습니다. 그런데 마침 개발자님이 일하고 계신 ○○ 회사에서 시각 장애인을 위한 VR 앱을 개발했다는 것을 알게 되었습니다. 하지만 찾아보니까 현재 이 앱과 기기를 파는 곳이 없어서요. 이 기기는 더 이상 팔지 않는 건가요? 아니면 다른 개발 계획이 있어서 잠시 파는 걸 멈추신 건가요? 이 앱과 기기가 꼭 다시 나와서 장애가 있는 사람 모두 쓸 수 있게 되었으면 좋겠습니다. 꼭 다시 만들어 주세요. 감사합니다.

신마로 올림.

"오오. 진짜 잘 썼는데?"
"헤헤, 이제 기다리기만 하면 되겠다!"

마로는 중요 표시까지 야무지게 마치고 메일을 보냈다. 하지만, 그 날도 그다음 날도 그리고 그 다음다음 날도 답장은 오지 않았다. 그래도 마로와 새롬이는 매일 메일을 보냈다.

그렇게 한 달의 시간이 흘렀다. 오늘은 새롬이네 집에 모여 컴퓨터를 켰다. 새롬이 메일함에 새 메일이 왔다는 알람이 떴다!

"누굴까?"

놀랍게도 개발자에게서 온 메일이었다. 두 사람은 눈이 동그래진 채 서로를 바라보았다.

"빨리 읽어 보자."

마로가 재촉하자 새롬이가 메일을 열었다.

받는 사람 박새롬

참조 신마로

보낸 사람 김개발

제목 RE: 시각 장애인을 위한 VR 앱에 관하여 질문이 있습니다.

박새롬양. 신마로군에게.

지금까지 보내 준 메일 잘 받았어요. 답장이 늦어져서 미안합니다. 솔직히 말하자면, 두 사람이 원하는 기기랑 애플리케이션은 더 이상 생산을 하지 않는 제품이었어요. 하지만 두 사람의 메일을 계속 받으면서 이 제품을 처음 만들었던 때가 떠올랐습니다. 그래서 회사와 오랫동안 얘기한 끝에 결국 이 제품을 다시 제작하기로 했습니다. 그 소식을 알려 주고

자 이 메일을 보내요. 좋은 소식이 생기면 바로 메일 줄게요. 고마워요.

개발자 김개발

"우아. 우리 때문에 다시 개발을 한다니. 이거 진짜야?"

정말 믿기지 않았다. 둘은 기뻐서 메일을 몇 번이고 다시 읽었다. 무엇보다 둘만의 힘으로만 해냈기 때문에 그 기쁨은 배가 되었다.

"늘봄이한테 먼저 얘기할까?"

"아냐. 괜히 얘기했다가 못하게 됐다고 하면 어떡해. 상품이 나오는 게 확실해지면 그때 얘기하자."

늘봄이가 좋아하는 모습을 보고 싶은 마음에 입이 근질근질했지만, 마로는 새롬이의 말에 따르기로 했다. 또다시 메일을 기다리는 나날이 이어졌다.

육 개월 후, 활기찬 금요일 아침이었다. 새롬이가 헐레벌떡 교실로 뛰어 들어왔다.

"마로야. 너도 메일 받았어?"

"무슨 메일?"

"개발자님 메일. 너 이름도 참조로 되어 있었는데."

"정말?"

개발자님 메일이라니! 마로는 발을 동동 구르며 새롬이를 재촉했다. 새롬이가 휴대폰을 꺼내 메일함을 열었다. 둘은 머리를 맞대고 메일을 읽었다.

받는 사람 박새롬

참조 신마로

보낸 사람 김개발

제목 RE: RE: 시각 장애인을 위한 VR 앱에 관하여 질문이 있습니다.

박새롬양. 신마로군에게.

잘 지내고 있었나요. 두 사람이 응원해 준 덕분에 드디어 새로운 버전의 시각 장애인을 위한 VR 기기와 애플리케이션 시작품이 나오게 되었습니다. 정식으로 판매하기 전에, 일단 시작품을 하나 보내 드리려고 합니다. 주소를 알려 주세요. 그럼 좋은 날 보내세요.

개발자 김개발

"이거 진짜지? 꿈 아니지?"

마로의 말에 새롬이는 마로의 볼을 살짝 꼬집었다.

"아야!"

"어때? 이래도 꿈이냐?"

"아. 아니!"

마로는 아픈 것도 잊고 헤벌쭉 웃었다. 개발자의 메일이 정말 고마웠다. 진심으로 좋아하는 마로를 보면서 새롬이 역시 싱긋 웃었다.

얼마 후 마로의 집에 택배 한 상자가 도착했다. 거기에는 새로 개발된 시각 장애인을 위한 HMD 기기와 애플리케이션 접속 아이디가 들어 있었다. HMD는 예전에 누리집에서 본 사진과는 좀 다른 모양이었다. 머리에 쓰는 형태가 아니고 안경 형태였다.

"와. 이거 그냥 선글라스 같은데?"

"그러게. 안경처럼 생겨서 늘봄이가 편하게 쓸 수 있을 거 같아."

마로가 고개를 크게 끄덕이며 바로 늘봄이에게 연락을 했다. 늘봄이는 다짜고짜 만나자는 마로의 말에도 흔쾌히 알았다고 했다.

"어서 와. 엄마. 아빠. 친구들 왔어요."

마침 병원을 다녀왔던 터라 늘봄이는 물론 부모님도 모두 집에 계셨다. 새롬이와 마로는 웃으며 반겨 주시는 늘봄이의 부모님께 인사를 드렸다.

"그런데 갑자기 우리 집까지 오고 웬일이야?"

늘봄이의 말에 마로가 냉큼 상자를 꺼냈다. 그리고 그 안에 담긴 기기를 꺼내 들었다. 간식이 담긴 접시를 내려놓던 늘봄이 부모님이 마로의 손에 들린 기기를 보고는 깜짝 놀랐다.

"어머, 그게 뭐니?"

"늘봄이에게 도움이 될 거 같아서 가져왔어요."

마로가 조심스럽게 말을 꺼냈다. 늘봄이에게 별 도움이 되지 않으면 어떻게 하나 싶은 생각이 뒤늦게 들었다. 그러나 마로의 우려와는 달리 늘봄이 부모님은 놀란 얼굴로 마로에게 말했다.

"세상에. 마로야. 이 제품은 우리도 알고 있어. 더 이상 출시되지 않는다고 해서 구하는 걸 포기했었어. 그런데 이걸 너희가 가져오다니……."

"저희가 그동안 다시 만들어 달라고 회사에 메일을 보냈었거든요. 정말 시작품이 올 줄은 몰랐지만요."

"헤헤. 정말 다행이에요!"

활짝 웃는 새롬이와 마로의 얼굴을 보고 늘봄이의 엄마는 떨리는 목소리로 고맙다고 말씀하셨다. 늘봄이는 빨개진 코를 훌쩍거렸다.

새롬이와 마로도 괜히 코끝이 찡해졌다.

　가을바람이 선선한 주말에 새롬이는 커다란 꽃다발을 두 개 들고 동네 복합 커뮤니티 센터 앞에 섰다. 센터에 들어서자 여러 현악기를 조율하는 다채로운 소리가 들렸다.
　서둘러 공연장 안으로 들어간 새롬이의 눈에 제일 먼저 독특한 안경을 쓴 늘봄이가 보였다. 늘봄이는 악보를 보며 연주 연습을 하고 있었다. 그 뒤에 있던 마로가 새롬이를 발견했는지 크게 손을 흔들었다.
　화랑 청소년 오케스트라의 가을 정기 연주회 마지막 곡은 비토리오 몬티(Vittorio Monti)의 차르다시(Czardas) 편곡이었다. 경쾌한 무곡이 VR 안경을 쓴 늘봄이의 손에서 춤추듯 흘러나왔다. 새롬이는 멋진 연주를 들려주는 늘봄이와 마로를 보며 환하게 미소 지었다.

PLAY

가상현실 기술, 경계를 허물고 밝은 세상을 만들다!

"우리는 며칠 동안 사막을 걸어 요르단으로 왔어요. 우리가 떠난 주에 내가 날린 연이 우리 집 뜰의 나무에 걸렸죠. 연이 계속 거기 걸려 있을지 궁금해요. 그 연을 되찾고 싶어요. 내 이름은 시드라, 열두 살이고 5학년이에요. 나는 시리아의 다라 지방에 있는 인킬시에서 왔어요. 나는 여기 자타리 캠프에서 지난 1년 반 동안 있었어요."

— 2015년 트라이베카 영화제에서 상영한 가상현실 영화 <시드라에게 드리운 구름> 도입부

우리는 시드라와 함께 있어. 시드라와 함께 학교에 가고 축구를 하

고, 큰 오븐에 납작한 빵을 구우며 웃고 떠들어. 그리고 시드라가 흘리는 눈물을 보며 함께 눈물을 흘리지. 마치 당장에라도 손끝에 시드라가 닿는 것 같아. 시드라를 위로해 주고 싶어 손을 들었는데, 시드라를 진짜로 안아 줄 수는 없어. 왜냐면 시드라는 아주 멀리 떨어진 요르단에 있거든.

이렇게 멀리 떨어진 시드라가 우리 곁에 있는 것처럼 느껴졌던 이유가 뭘까? 바로 가상현실 기술 덕분이야. 시드라와 시리아 난민들의 이야기를 다룬 이 다큐멘터리를 보는 우리는 단순한 시청자가 아니야. 우리는 시드라와 함께 호흡하고 시드라의 일을 우리 일처럼 느껴. 뉴스로도, 책으로도 못 해낸 일을 겨우 8분짜리 영상이 해낼 수 있었던 이유는 바로 〈시드라에게 드리운 구름〉이 360도 몰입 영화로 촬영되었기 때문이야. 이 다큐멘터리를 보는 사람들은 가상현실 기기를 통해 지금 시드라와 함께 시리아 난민 캠프인 자타리 캠프에 있는 것처럼 느낄 수 있어.

우리에게 먼 이야기 같은 시리아의 난민 문제를 더 잘 공감하고, 진지하게 생각할 수 있게 하는 힘. 그걸 이성적이라 일컫는 과학 기술이 해낸다니 무척 놀라운 일이야. 이 놀라운 기술은 현재 어디에 쓰이고 있고, 어디까지 쓰일 수 있을까?

신기한 스쿨버스가 현실 속에!?

《신기한 스쿨버스》란 책을 알고 있니? 매번 이상한 옷을 입고 나타나는 프리즐 선생님과 반 아이들의 모험을 그린 만화야. 아이들은 프리즐 선생님과 스쿨버스에 타면 온갖 신기한 곳으로 갈 수 있어. 이야기 속으로 들어가서 아기 돼지 삼 형제가 지은 집들을 지어 볼 수도 있지.

그뿐만이 아냐. 바람에 대해 배우고 싶을 때는 학생들이 바람이 되어서 바람이 뭔지 저절로 알 수 있게 돼. 그저 만화 속 이야기였던 신기한 스쿨버스 수업들이 과연 현실에서도 가능할까?

물론이야! 우리에게 신기한 스쿨버스와 프리즐 선생님은 없지만, '가상현실 기술'이 있거든. 얼마든지 신기한 스쿨버스를 타는 아이들처럼 즐겁고 재밌게 공부할 수 있어. 동물에 대해 알고 싶다면 실제로 동물들을 해부하지 않고도 증강현실 기술로 그 내부를 알아볼 수 있어. 아니면 동물 그 자

체가 될 수도 있지. 즉 실제로 체험해 보면서 공부할 수 있어. 요즘에는 특히 온라인 수업이 늘어나면서 가상현실을 이용한 교육 프로그램이 더욱 필요해지고 있지.

의과 대학에서는 증강현실을 이용해서 어려운 수술이나 해부 실습을 할 수 있어. 공과 대학에서도 위험한 실험들을 가상현실 또는 증강현실로 대신할 수 있어.

이 밖에도 운전면허를 가진 사람들에게 교통사고를 체험해 보며 사고를 예방하는 교육도 가능해. 가상현실에서 지진을 겪으며 실제 지진이 났을 때 적절히 행동하는 법을 배울 수도 있지.

소방관이나 군인, 경찰들은 화재 현장 같은 위험한 훈련을 가상현실 속에서 안전하게 받을 수 있어. 소방관들이 연기와 불 때문에 탈출로를 찾을 수 없을 때, 증강현실(AR) 안경을 쓰면 다른 소방관들이 원격으로 알려 주는 탈출로 이미지를 보고 안전하게 빠져나올 수도 있지.

또한 가상현실로 동물원이나 수족관에 가는 것보다 더 풍부한 체험을

소방 훈련 실감 시뮬레이터_ 한국전자통신연구원(ETRI)이 개발한 화재 현장과 동일한 가상현실에서 실제 소방 도구를 활용해 소방 훈련을 할 수 있는 실감형 시뮬레이터의 모습이야.
ⓒ한국전자통신연구원(ETRI), 양웅연

할 수 있어. 우리는 더 이상 동물들을 억지로 가두지 않아도 돼. 증강 현실을 이용하면 자신만의 식물을 만들 수도 있어. 서툴게 다루다가 식물이 죽는 일도 줄어들겠지?

가상현실과 함께하는 미래 의학!

가상현실 기술이 가장 활발하게 쓰이는 분야는 의료 분야야. 특히 시각 장애, 운동 장애 환자를 돕는 보조 기기나 재활 치료에 많이 쓰여. 알버트 스킵 리조 교수는 가상현실로 인간의 감각을 조작해 회복을 돕는 연구를 해. 뇌졸중으로 팔이 마비된 환자에게 HMD를 씌워 팔이 움직인다는 환상을 심어 주는 거지. 이때 환자의 두뇌는 가상현실에서 움직이는 팔을 몸의 일부로 받아들이고, 팔을 계속 사용하고 있다는 신호를 뇌에 전달해. 그럼으로써 마비된 신경의 회복을

HMD: 팔을 사용하고 있어!!

뇌졸중 팔 마비 환자

돕게 된다는 원리야. 치료를 위해 선의의 거짓말을 하는 셈이지.

이 밖에 가상현실 기술을 이용하면 불편한 몸을 이끌고 병원에 가지 않아도 돼. 원격으로 치료할 수 있거든. 해외에 사는 사람들도 원격으로 진료 받을 수 있지.

가상현실 기술은 전쟁이나 사고 후유증을 겪는 사람들을 치료해 주기도 해. 에모리 대학교의 바바라 로스바움 박사는 트라우마를 겪는 사람들에게 가상현실에서 당시 상황을 안전하게 마주하게 하면서 공포를 극복하도록 도와줘.

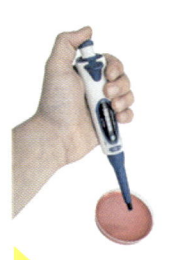

마이크로 파이펫의 모습이야.

바이러스 백신을 만들기 위한 의학 실험, 화학 실험들은 때때로 사고가 일어나서 실험을 하던 사람들이 많이 다치기도 해. 그래서 과학자들은 현재 혼합현실 기기인 마이크로소프트 홀로렌즈를 이용해 실험할 수 있는 '가상증강현실 프로그램'을 개발하고 있어. 홀로렌즈를 이용해서 가상의 실험 기구(파이펫)로 위험한 용액을 현실이 아닌 가상현실에서 옮겨서 실험을 하는 거야. 가상 실험 기구를 이용하면 실질적인 위험은 줄이고, 여러 용액들을 실제처럼 옮길 수 있어서 정확한 결과를 낼 수 있을 거야.

어서 오세요, 가상현실 상점입니다!

2016년 온라인 마켓 이베이(eBay)는 호주 마이어 백화점과 합작하여 세계 최초의 가상현실 백화점을 열었어. 또한 자라, 버버리, 샤넬 같은 패션 기업들은 옷을 입은 가상의 모습을 화면으로 볼 수 있는 스마트 미러, 원하는 옷을 입어 볼 수 있는 증강현실 피팅 존 등을 마련했어. 가상 매장에 들어가면 실제 매장에 가 보지 않아도 상품을 실감 나게 쇼핑할 수 있어. 또한, 쉽사리 수업을 받기 어려운 전문가들에게 가상현실을 통해 수업을 받는 교육 플랫폼도 생겼어.

가상현실에서 네가 되어 보는 것!

바르셀로나 대학교의 가상현실연구소에서 멜 슬레이터 교수가 재미있는 실험을 했어. 바로 가상현실 속에서 다른 사람이 되어 보는 실험이었지. HMD를 쓴 백인 여성은 가상현실 속에서 흑인 여성이 돼. 잠깐이나마 자신이 될 수 없는 사람이 되어 그 사람을 이해해 보는 거야.

이 실험은 가상현실 기술의 여러 가능성을 보여 줘. 가상현실에서 장애인이나 노약자가 되는 체험을 하면 우리는 상대방을 더 잘 이해

할 수 있지. 아무리 "상대방의 입장에서 생각해 보아요."라고 말해도 진짜로 상대방의 입장이 되기는 어렵거든.

이 실험에 참여한 사람들은 가상현실에서 다른 사람이 되어 보니 '상대방'을 잘 이해하게 되었다고 말했어.

더 쉽게, 더 많은 사람들이, 더 재미있는 콘텐츠를 즐기다!

2017년 미국 아카데미 시상식에서는 독특한 작품이 후보에 올랐어. 베스트 단편 애니메이션 부문에 오른 구글 스포트라이트 스토리즈(Google Spotlight Stories) 〈진주(Pearl, 2016)〉야. 360도 촬영 방식으로 찍은 가상현실 애니메이션이지.

스마트폰으로 유튜브에 들어가서 이 애니메이션을 보면 우리가 어떻게 움직이느냐에 따라 장면이 달라져. 평소에 못 보는 위치까지 전부 볼 수 있어. 스마트폰을 움직이며 얼마든지 그 속에 숨겨진 이야기들을 상상할 수 있고 실제 애니메이션 속에 있는 느낌을 주지.

같은 해 독일 함부르크에서는 엘프 필하모니홀 리모델링 개관 기념 연주회가 열렸어. 이 연주회는 가상현실 공연으로 제작됐지. 덕분에 최대 2,100명만 볼 수 있던 연주회를 81만 명이 감상하게 되었어. 비싼 값을 치른 소수만이 즐겼던 공연을 집에서 컴퓨터로 감상할 수 있게 된 거야.

또 런던 국립극장은 증강현실을 활용해서 청각 장애인들도 공연을 즐길 수 있게 했어. AR 스마트 안경을 쓰면 렌즈에 대화나 소리 설명이 표시됐거든.

예술의 영역이 넓어지면서 가상현실로 예술 작품을 만드는 VR 아티스트도 있어. 관객들은 HMD를 쓰고 자유자재로 모션 컨트롤러를 움직여서 다양한 시각으로 예술품을 감상하지.

작품을 가상현실 속에만 두는 것이 아니라 증강현실을 이용해 현실로 불러오거나 3D 프린터로 인쇄하기도 해. 우리가 흔히 쓰는 프린터는 종이에 인쇄를 하지? 그런데 3D 프린터는 영상 속에 있는 사람이

나 물건을 실제 모양과 같이 3차원으로 인쇄할 수 있어. 종이, 고무, 철, 콘크리트로도 인쇄해. 음식 재료들을 컴퓨터 속 저장 장소에 가지고 있다가 메뉴에 따라 여러 가지 음식을 만들 수도 있어. 지금의 자판기처럼 말이야.

가상현실 기술, 어디까지 활용될까?

1938년 네덜란드 역사가이자 철학자인 요한 하위징아(Johan Huizinga)는 인간은 놀이를 좋아하고, 놀이가 인류 문화와 문명을 이끈 열쇠였다면서 '호모 루덴스(Homo Ludens, 놀이하는 인간)'라는 말을 만들었어.

그렇다면 즐겁고 재미있는 가상현실이야말로 우리 인간이 가장 좋아할 만한 기술이 아닐까? 가상현실 기술이 어디까지 쓰일 수 있을지는 아무도 모를 일이야. 이 재미있는 기술은 호모 루덴스인 여러분이 무한한 상상력을 잃지 않는 한 계속될 거니까.

가상현실 기술을 쓰면 온라인에서도 생생한 체험을 할 수 있고, 현실에서 만나지 않아도 마치 옆에서 보는 것처럼 만날 수 있어. 이번 정거장에서는 새롬이와 함께 사람들과 직접 만나지 않고도 온라인으로 많은 일을 할 수 있는 '언택트' 기술에 대해 알아보자!

이야기 넷

아빠와 나, 가상현실 요리 교실에 가다!

언택트와 메타버스를
자유자재로 만드는 가상현실 기술

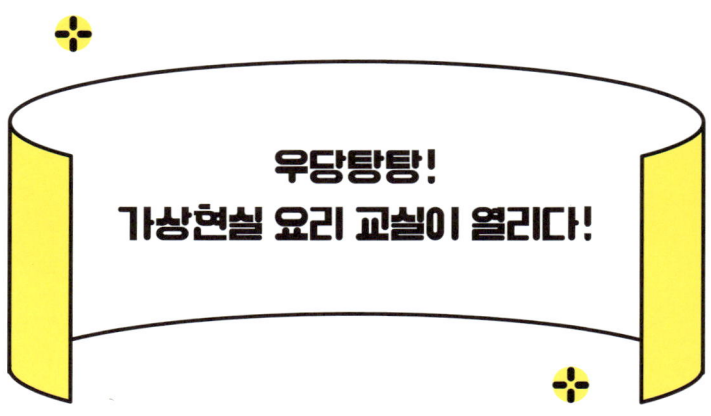

우당탕탕! 가상현실 요리 교실이 열리다!

"아빠. 아빠. 지난번에 내가 인쇄해 달라고 한 숙제 어디에 있어요? 그거 사진 찍어서 온라인 교실에 올려야 하는데."

"아. 그거 서재에 있을 거야. 한번 찾아보렴."

새롬이는 입을 삐죽이며 서재로 갔다. 서재는 온갖 책들과 종이 뭉치로 엉망진창이다. 만약 엄마가 계셨다면 한 번에 찾아 주셨을 텐데.

새롬이는 작게 한숨을 쉬었다. 벌써 엄마가 안 계신 지 일주일이 되어 갔다. 새롬이의 엄마는 지난주에 해외 출장을 떠나셨다.

"에휴. 엄마. 빨리 와요."

새롬이는 혼잣말을 하며 종이 더미에서 숙제를 찾기 시작했다.

"새롬아. 엄마한테 전화 왔어."

그때 아빠의 목소리가 들려왔다. 새롬이는 엄마라는 말에 후다닥 밖으로 나갔다. 휴대폰 영상 속 엄마는 그 모습을 보며 "새롬아, 넘어질라."라고 말씀하셨다.

"잘 지내고 있어? 새롬이랑 당신은 괜찮아?"

"그럼. 당연하지."

아빠가 다정하게 말씀하셨다. 그런데 이건 거짓말이다. 사실 새롬이와 아빠는 전혀 괜찮지 않다. 매일매일 우당탕탕이다. 엄마가 이렇게 오랫동안 집을 비웠던 적이 한 번도 없었기 때문이다.

청소야 원래 아빠와 새롬이 담당이었으니 괜찮았지만, 문제는 다른 집안일이었다. 양말은 한쪽씩 사라지고 엊그제는 엄마가 애지중지 기르던 다육이 식물 두 개가 죽고 말았다. 이 소식을 엄마가 알면 얼마나 속상해하실까?

"당신이 걱정이지. 해외 출장을 다녀오는데 혹시라도 아플까 봐 걱정이야."

"별걱정을. 나는 괜찮아. 참 오늘 점심은 뭐 먹었어?"

엄마의 질문에 아빠와 새롬이가 눈을 마주쳤다.

"뭐. 맛있는 거 먹었어요."

"또 시켜 먹었구나."

엄마가 가볍게 웃었다. 사실 아빠와 새롬이는 온라인 마켓에서 간편식을 사 먹었다. 저녁때 온라인 마켓에 등록해 놓은 신용 카드로 음식을 주문하면 매일 새벽 문밖에 재료가 배달되어 왔다. 새롬이랑 아빠는 그 재료들을 끓이거나 전자레인지에 데우기만 하면 됐다.

처음에 새롬이는 왠지 집에서 외식하는 기분에 신났었다. 그런데 며칠째 이런 간편식을 먹으니 슬슬 질렸다. 하지만 아빠도 새롬이도 요리에는 재능이 없어서 다른 방법이 없었다.

"네. 그래도 되게 맛있는 거 먹어요. 물론 엄마가 해 준 밥 같지는 않지만."

새롬이가 의젓하게 선의의 거짓말을 했다. 괜히 엄마가 마음 쓰게 하고 싶지 않았다.

"새롬아. 얼굴 좀 더 자세히 보여 줘."

영상 속 엄마의 얼굴이 크게 보이자 엄마가 갑자기 너무 보고 싶어졌다. 새롬이는 눈물이 고이려는 걸 꾹 참고 활짝 웃었다.

"우리 딸. 아빠랑 둘이 힘들겠지만 조금만 참고. 곧 보자. 알았지?"

다정한 엄마의 말에 새롬이는 활짝 웃으며 고개를 끄덕였다. 아빠가 엄마에게 인사를 대신하고 전화를 끊었다.

"새롬아. 아빠가 이제 화상 수업해야 하거든. 두 시간이면 끝나는데 그때 팝콘 잔뜩 튀겨서 영화 볼까?"

"네!"

아빠가 새롬이의 머리를 쓰다듬고는 서재로 들어가셨다. 새롬이도 방에 들어가서 수업을 들으려고 노트북을 켰다. 하나 남은 수업인데, 아직 선생님이 수업이나 과제를 올려 주지 않으

셨다.

'할 일이 없네.'

의자를 빙그르르 돌리던 새롬이가 갑자기 벌떡 일어섰다.

"아. 맞다! 숙제!"

엄마랑 통화하느라 완전히 깜빡했다. 새롬이는 숙제를 찾기 위해 서재로 향했다. 서재에서는 아빠가 화상 수업을 하고 있었다. 문을 살짝 열고 보자 아까 찾던 숙제가 바닥에 떨어져 있었다. 아빠는 새롬이가 문을 연 줄도 모르고 모니터를 바라보며 강의를 했다. 아빠의 모니터를 보니 화면에 수업을 듣는 학생들의 얼굴이 작게 보였다.

새롬이는 몸을 낮추고 숙제를 잽싸게 잡아챘다. 발뒤꿈치를 들고 카메라에 잡히지 않게 조심히 서재를 나왔다.

"나도 수업을 들으러 가 볼까?"

방으로 돌아오자 오늘의 마지막 수업이 올라와 있었다. 새롬이는 얼른 숙제 사진을 찍어 올린 뒤 동영상을 클릭했다.

수업이 끝나고 새롬이는 거실로 나왔다. 아빠도 얼마 지나지 않아 서재에서 나오셨다.

"새롬아. 영화 뭐 보고 싶니?"

"영화 말고 다른 거 봐도 돼요?"

아빠가 팝콘을 꺼내며 물었다.

"다른 거?"

"저, 사실 오늘 NTS 오빠들이 메타버스 플랫폼에서 공연해요. 이걸 위해 아바타도 새로 꾸몄거든요."

새롬이가 잔뜩 기대한 얼굴로 말하자 아빠는 웃으며 고개를 끄덕였다.

그때였다. 갑자기 초인종이 울렸다.

"누구지?"

아빠가 나가 보니 문 앞에는 택배 상자가 놓여 있었다.

"그게 뭐예요?"

"글쎄다."

의아한 얼굴을 한 아빠가 상자를 열었다. 상자에는 '초보 요리왕'이라는 수상쩍은 제목의 게임 소프트웨어와 당근, 양파, 고기 등 요리 재료들이 들어 있었다.

둘이서 멍하니 상자 안을 보고 있는데, 엄마에게 전화가 왔다. 영상 속 엄마가 빙그레 웃으며 말했다.

"택배 잘 받았니?"

"엄마가 보낸 거였어요?"

"응. 그거 보고 오늘 저녁은 제대로 된 요리를 한번 해 보라고."

"요리라고요?"

생각지도 못한 말에 아빠랑 새롬이는 어안이 벙벙해졌다.

"엄마. 아빠랑 내가 요리를 할 수 있을까요?"

"물론이지. 거기에 있는 게임으로 배우면 돼. 가상현실 기기가 있으니까 직접 요리 학원에 갈 필요도 없어. 가상현실 속에서 미리 실습해 봐. 그럼 분명 요리도 잘 해낼 수 있을 거야."

"꼭 해야 해요?"

새롬이가 내키지 않는 얼굴로 묻자 엄마는 단호히 말했다.

"당연하지. 두 사람, 매번 사 먹는 거 질렸지 않아?"

결국 아빠와 새롬이는 머리를 긁적이며 고개를 끄덕였다. 해외에서 일부러 신경 써서 보내 준 택배인데 마다할 수 없었다. 전화를 끊고 아빠와 새롬이가 서로를 바라보았다.

"우리가 잘할 수 있을까?"

당연하게도 둘 다 자신 없는 얼굴이었다.

NTS 오빠들의 공연이 끝나고 새롬이와 아빠는 긴장한 얼굴로 가상현실 기기를 쓰고 게임을 시작했다. 서로의 아바타를 확인하고 '시작'을 터치하자 바로 선택지가 떴다.

초보 랭크

초보 중의 초보, 이제 막 요리를 시작한 당신을 위한 선택은?

● 김치찌개 ● 된장찌개 ● 계란 볶음밥 ● 감자전 ● 카레

"새롬아. 뭐가 먹고 싶니?"

새롬이는 상자 안에 있던 재료를 떠올렸다. 감자랑 당근이랑 고기가 있었는데.

"재료를 보니까 김치찌개나 카레를 하는 게 좋을 것 같아요."

"그럼 그 두 가지 요리법을 볼까?"

아빠가 김치찌개와 카레를 터치하자 각 재료와 요리법이 소개된 창이 눈앞에 떴다.

그런데 김치찌개의 요리법을 보니 되게 복잡해 보였다. 그에 비해 카레는 그저 재료를 썰고 기름을 넣고 볶다가 물 붓고 카레 가루를 넣으면 끝이었다.

"아빠. 우리 그냥 카레 해요. 이게 훨씬 쉬워 보여요."

"좋아."

둘이 카레를 선택하자 요리 시작을 알리는 소리가 울렸다. 그리고 진짜 같은 주방이 눈앞에 나타났다. 게임 속 주방에는 싱크대와 조리대, 가스레인지 등이 완벽하게 갖춰져 있었다. 재료 중에서 아빠는 감자를, 새롬이는 당근을 불러왔다.

그때 웬 아저씨의 목소리가 들렸다.

"저와 함께 맛난 카레를 만들어 볼까요? 카레 이게 엄청 쉽거든요. 우선 감자랑 당근의 껍질을 감자 칼로 벗겨 내고 씻어 주세요. 양파는 그냥 껍질만 벗겨 내고요."

생각지도 못한 구수한 목소리가 들리자 아빠와 새롬이가 쿡쿡 웃음을 터트렸다. 둘은 설명대로 착실히 야채를 씻었다. 야채가 준비되자 눈앞에 칼과 도마가 '짠'하고 나타났다.

"야채는 최대한 작게 썰어야 맛이 좋아요."

새롬이랑 아빠는 당근과 감자를 열심히 썰기 시작했다. 새롬이가 썰다 날아간 당근 조각과 아빠가 조각내다 튕겨 나간 감자 조각으로 조리대가 엉망진창이 되었다. 둘은 겨우 몇 조각단 건진 채 커다란 팬에 재료들을 넣었다.

"실제로 하면 더 잘할 거야. 이게 게임기 조작이 어렵네. 이따가 재료 손질은 아빠가 할게."

아빠가 일부러 쾌활하게 말씀하셨지만, 새롬이는 튕겨 나간 야채만큼 깎인 점수에 정신이 하나도 없었다.

"기름을 팬의 아랫부분만 깔리게 살짝 두르고 가스레인지의 불을 켭니다."

기름은 새롬이가 넣고 가스레인지의 불은 아빠가 켰다. 야채 손질은 영 꽝이었지만, 둘은 손발이 척척 맞았다.

"우선 야채를 볶다가 양파의 색깔이 투명해지기 시작하면 고기를 넣는 거예요!"

설명한 대로 고기를 넣는데, 갑자기 기름이 사방팔방 튀기 시작했다.

"으악~!"

새롬이는 깜짝 놀라 자신도 모르게 소리를 질렀다.

"고기는 조심해서 천천히 넣어야 합니다."

"그런 건 빨리 얘기해 줘."

가상현실 속이니 망정이지 큰일 날 뻔했다.

"자, 이제 물을 넣고 끓인 후 카레 가루를 넣고 저으면 돼요! 참 쉽죠~"

그 말대로 카레 가루를 넣고 가루가 잘 풀어지게 젓는 것이 다였다. 가상현실에서 가상의 카레를 만든 거지만, 완성된 카레를 그릇에 담으니 뿌듯했다.

> **카레 완성!**
>
> 다음 스테이지로 넘어갈 수 있습니다. 다음 요리를 할까요?

새롬이는 고민하다가 '아니오'를 누르고는 게임 속에서 빠져나왔다. 아빠가 새롬이에게 말했다.

"까먹기 전에 바로 요리해 볼까?"

"네!"

냉장고에서 야채를 꺼내서 게임 속에서 한 것처럼 깨끗이 씻었다. 아빠는 장담했던 대로 게임에서보다는 훨씬 야채를 잘 썰었다. 작고 네모나게 잘린 야채들을 넣고 새롬이가 기름을 둘렀다. 양파의 색깔이 변하자마자, 이번에는 기름이 튀지 않게 고기를 매우 조심스럽게 넣고 아빠가 주걱으로 야채와 고기를 볶기 시작했다. 아까는 가상현실 속이라 몰랐는데, 야채와 고기를 볶는 것만으로도 맛있는 냄새가 퍼져 나갔다.

"아. 배고프다."

옆에서 국자를 손에 들고 새롬이가 말하자 아빠가 싱긋 웃었다.

"정말 맛있겠지?"

가상현실 속에서 한번 해 봐서인지 생각보다 무척 쉽고 간단하게 카레를 만들 수 있었다. 카레를 한 국자 가득 퍼서 밥 위에 올리자 김이 모락모락 나는 카레덮밥이 완성됐다!

아빠와 새롬이는 먹기 전에 엄마와 영상 통화를 했다. 엄마는 아빠와 새롬이의 요리를 보며 엄지손가락을 척 들었다. 새롬이가 영상 속 엄마에게 카레덮밥을 한 숟가락 떠서 보이자 엄마가 먹는 시늉을 했다. 세 식구가 평소처럼 식탁에 앉아 맛있는 밥을 먹는 것 같은 기분이 들었다. 새롬이도 아빠도 엄마도 모두 행복한 미소를 지었다.

PLAY

가상현실 기술로 비대면 사회를 슬기롭게 살아가다!

> 접촉하지 않고! 마주 보지 않고! 포스트 코로나 시대, 더욱 중요해지는 비대면 기술

2019년 12월 신종코로나 바이러스 감염증(코로나-19, COVID-19)이라는 위험한 전염병이 퍼졌어. 세계 보건 기구(WHO)는 2020년 3월 11일 이 병에 대해서 팬데믹(Pandemic)을 선언했지. 팬데믹이 뭐냐고? 그리스어로 팬은 모두를, 데믹(-데모스)은 사람들을 뜻해. 즉, 전 세계를 휩쓰는 병이라는 의미야.

이 코로나 바이러스는 전염력이 강한 데에다 병에 걸리면 사망할

수도 있고 치료 후에도 후유증이 남을 수 있어서 매우 위험해. 그래서 코로나19의 전염을 막기 위해서 사람들은 만나지 않고 생활하게 되었어. 학교도 온라인 수업으로 바뀌었지. 친구들과도 온라인에서 만나게 됐어. 일도, 회의도, 물건을 사는 것도 온라인에서 하게 됐지. 그러면서 다른 사람을 만나지 않고도 일상생활을 할 수 있는 '비대면 기술'이 더욱 중요해졌어.

비대면 기술은 무엇일까?

비대면 기술은 말 그대로 '만나지 않고 물건 혹은 서비스를 제공받고 그 값을 치를 수 있는 기술'이야. 요즘 햄버거 가게에 가면 직원 대신 주문 기계가 놓여 있어. 그걸 '키오스크(Kiosk)'라고 해. 다양한 일을 처리해 주는 무인 기계야. 기계의 화면을 몇 번 터치하면 직원 없이도 주문과 계산을 할 수 있지.

도서관에 있는 키오스크
©Katyare

이런 기계를 만드는 기술을 '무인 기

술'이라고 해. 말 그대로 사람이 없어도 되게끔 해 주는 기술이지. 이 무인 기술이 다른 기술들과 만나 활용되고 있어. 물건끼리 연결되는 사물 인터넷, 빅데이터와 인공 지능, 가상현실 같은 4차 산업 혁명의 주요 기술들과 함께하면서 사람들은 이제 '만나지 않고' 일상생활을 할 수 있게 되었지. 그중 가상현실은 비대면 기술과 함께 쓰이며 마치 현실에서 경험하는 듯한 효과를 주어 더욱 각광받고 있어.

비대면 사회 속 가상현실 기술, 어디까지 쓰이고 있을까?

코로나19로 인해 어른들은 직장에 가지 않고 집에서 일하는 때가 많아졌어. 집에서 여러 사람과 회의를 할 때 가상현실 속 회의실이나 줌(Zoom), 구글 미트(Google Meet) 같은 화상 회의 프로그램도 많이 쓰지. 온라인 국제회의를 위한 뉴럴 TTS(Text-To-Speech) 기술도 나왔어. 문자를 입력하면 소리로 바꿔서 들려주는 기술이야.

또한 팬데믹이나 미세 먼지로 인해 밖에서 자유롭게 운동하기 힘들어지자, 가상현실 기술을 이용한 운동 프로그램과 운동 기기가 나왔어. 가상현실 기기를 쓰면 집에 혼자 있어도 가상 세계에서 사람들과 같이 운동할 수 있지.

한편 오큘러스 TV는 VR 교회(Church of VR)를 공개했어. 종교 활동도 서로 만나지 않고 가상현실 속에서 할 수 있는 거야.

옷을 살 때도 증강현실 피팅(Fitting)을 해 볼 수 있어. 자신의 모습과 옷을 자연스럽게 합성해서 직접 입어 보고 사는 효과를 얻을 수 있지. 안경도 마찬가지야. 증강현실을 이용해서 안경을 미리 써 보고 살 수 있는 서비스가 나왔어. 또 새롬이와 아빠가 가상현실 게임으로 요리를 배운 것처럼, 온라인에서 하는 가상 수업들도 늘고 있어.

뉴럴 TTS(Neural Text-To-Speech; NTTS) 기술이 뭐야?

마이크로소프트사에서 만든 기술로, AI를 이용해서 문자를 사람의 목소리로 들려줘. 예를 들어 여러분이 독일어를 못하는데, 독일인과 채팅해야 한다고 하자. 여러분이 한국어로 채팅창에 글을 남기면 AI가 자동으로 독일어로 번

역한 다음, 상대에게 독일어로 말해 주는 거야.

가짜 돈? 진짜 돈? 가상 화폐와 자동 결제 시스템

온라인에서 많은 물건을 사고팔다 보니 이제 현금을 쓰는 일이 드물어. 이에 따라 가상 화폐가 주목받고 있어. 가상화폐는 지폐나 동전처럼 실제 돈이 아니야. 전자 형태의 화폐로 온라인에서만 존재하는 돈이지. 예를 들어 게임 속에서 쓰는 게임 머니도 가상 화폐야. 디지털 화폐 또는 전자 화폐라고 해.

아직은 진짜 가상 화폐보다는 네이버페이나 카카오페이와 같이 신용 카드나 계좌를 등록해 놓고 쓰는 자동 결제 시스템이나 신용 카드 앱 결제가 많이 쓰여. 하지만 전자 상거래가 계속 이루어질수록 가상 화폐도 많이 쓰이게 될 전망이야.

비대면 기술, 무조건 좋고 편리하기만 할까?

사람 대신에 인공 지능이 문자나 음성으로 질문에 대답해 주는 일, 카페에서 로봇이 엘리베이터를 타고 음료수를 가져다주는 일들이 가능해졌어. 맥도날드의 경우, 일부 드라이브 스루 점포에서 인공 지능이 음성 주문을 받아. 인공 지능은 주변 소음들을 걸러 내고 사람 목소리만 인식해 손쉽게 주문을 받을 수 있거든.

그런데 이런 비대면 기술을 사용하려면 수많은 데이터가 필요해. 빅데이터가 있어야 인공 지능이나 로봇 기술이 더욱 발전할 수 있거든. 그리고 비대면 기술을 쓰면 온라인에 남겨지는 데이터가 아주 많아져. 이 수많은 데이터들은 곧 개인 정보이기도 해. 따라서 이러한 개인 정보들을 어떻게 보호할지도 생각해 봐야 해.

또한 비대면 기술이 발전할수록 사람들의 일자리가 줄어들게 돼. 최근에는 키오스크만 있는 무인 상점들이 늘고 있고, 무인 계산대가

더 많아지고 있어. 기계가 일을 대신하면서 일자리를 잃게 된 사람들이 어떤 일을 찾아야 할지에 대해서도 관심을 가져야 해.

아울러 우리 모두가 자연스럽게 디지털 기기를 사용할 수 있는 건 아니야. 할아버지, 할머니처럼 디지털 기기에 익숙하지 않은 분들을 위한 교육도 필요해. 디지털 세상에서 소외되는 사람들이 없도록 디지털 기기를 자유롭게 살 수 없는 사람들을 위한 복지 제도도 필요해.

비대면 기술의 미래는? 언택트에 연결을 더한 '메타버스'

2020년 9월 26일 토요일 오전 9시. 비디오 게임 〈포트나이트〉 속에 큰 화면이 등장해. 그 큰 화면 앞에 각종 게임 캐릭터들과 아바타들이 옹기종기 모여 있어. 화면에는 BTS(방탄소년단)의 '다이너마이트(Dynamite)'라는 뮤직비디오 안무 버전이 세계 최초로 공개되고 있어.

그런데 아바타들은 단순히 뮤직비디오를 구경하지 않고 방탄소년단처럼 춤을 추고 있어. 아이템을 구입하면 내 아바타가 방탄소년단과 똑같은 춤을 출 수 있거든. 실제 현실 속의 내가 춤을 잘 추는지는 중요하지 않아. 가상 세계의 또 다른 나인 아바타가 할 수 있으니까. 가상 세계 콘서트지만, 이렇게 함께 즐거운 경험을 공유하는 것. 이게 바로 메타버스 속 세상이야. 그리고 이러한 메타버스야말로 비대면 기술의 미래라고 할 수 있어.

사실 메타버스는 최근의 일이 아니야. 20년 전부터 싸이월드, 세컨드 라이프(Second Life) 등 유사한 형태의 가상 세계 플랫폼들이 있었어. 하지만 당시에는 실감 나는 가상 세계를 구현하는 기술이 부족했어. 좋은 그래픽을 사용하기에는 인터넷 속도도 턱없이 느렸지.

최근에는 5G 등 네트워크와 가상현실 기술이 발전해서 좀 더 현실적인 가상 세계를 만드는 게 가능해졌어. 가장 대표적인 메타버스 플랫폼인 〈로블록스〉와 〈제페토〉는 주로 Z세대, 십 대들이 이용해. 십 대들은 여기에서 아바타를 활용해 자기만의 드라마를 만들어. 십 대들이 공감하는 내용을 자기만의 플랫폼에서 소통하면서 Z세대만의 새로운 문화를 만드는 거지.

일부 십 대들은 아바타 디자인과 새로운 게임을 만들어 내며 직접 돈을 벌기도 해. 유튜브처럼 1인 크리에이터들도 늘고 있지.

물론 메타버스는 아직 Z세대 중심의 콘텐츠가 많아. 하지만 모든 세대가 함께할 수 있는 다양한 콘텐츠들이 계속 나올 거야.

이제 멀리 떨어져 있는 친구들과 아바타로 만날 수 있어. 가상 세계가 현실과 거울처럼 마주하는 또 다른 사회를 만들게 되는 거야.

멋진 가상현실에 있다가 평범한 현실로 돌아왔을 때 우리는 어떤 기분이 들까? 이번 정거장에서는 새롬이와 마로, 늘봄이와 가상현실 기술에 대한 고민을 함께해 보자!

이야기 다섯

우리가 만들어 가는 가상현실의 미래!

미래 과학,
가상현실에 대한 다양한 고민

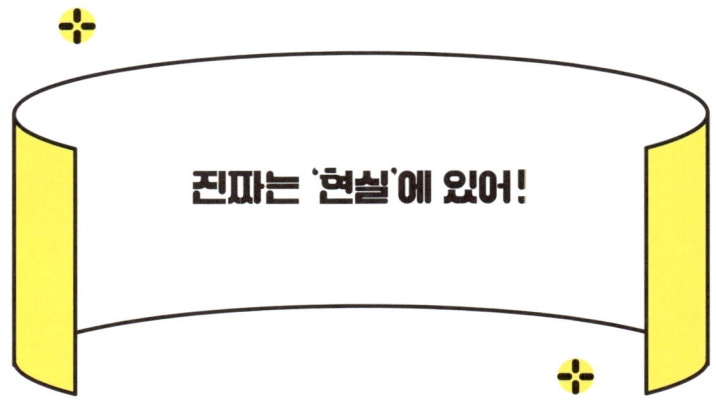

진짜는 '현실'에 있어!

저녁 식사 후 새롬이네 가족은 거실에서 TV를 보고 있었다. 새롬이는 마로와 메시지를 주고받다가 뒤늦게 TV로 눈을 돌렸다. 그 순간 새롬이는 자신도 모르게 벌떡 일어났다. 뉴스에서 팔머 럭키가 나오고 있었던 것이다.

"엄마! 나 쟤 알아!"

"응? 아, 학교에서 가상현실 역사에 대해서도 배우나 보네?"

엄마는 새롬이가 팔머를 가상현실에 대해 배워서 알고 있다고 생각한 모양이었다. 새롬이는 엄마의 말에 잠시 머뭇거리다가 앉았다.

　새롬이는 팔머를 알았다. 정확히는 진짜 팔머가 아니라 게임 속 팔머를 알고 있는 것이었다. 하지만 새롬이에게 팔머는 그저 게임 캐릭터가 아니었다. 팔머와 함께 겪은 일들이 새롬이에게는 단순한 게임이 아니었기 때문이다.

　가상현실 속에서 새롬이는 팔머와 가상현실을 만들기 위해 얼마나 많은 사람들이 노력하는지 지켜보았다. 또 팔머가 꿈을 이루기 위해 얼마나 노력했는지도 알게 됐다. 그 여정을 함께하면서 새롬이는 팔머를 친구처럼 생각하게 됐다.

　하지만 정말 친구일까? 진짜 현실에 사는 팔머 럭키는 새롬이가 누군지도 모른다. 게다가 새롬이가 아는 팔머 럭키와는 완전히 다른 사람이다. 만나고 싶다고 만날 수 있는 것도 아니고. 새롬이는 좀 쓸쓸한 기분이 들었다.

다음날, 새롬이는 마로와 늘봄이의 학교 앞으로 갔다. 교문 앞에는 늘봄이가 손을 흔들며 서 있었다. 둘이 선물한 VR 안경을 끼고 바이올린 가방을 든 늘봄이를 보고 새롬이와 마로는 함박웃음을 지었다.

"바이올린 연습하고 오는 거야?"

"응."

"안경은 불편하지 않아?"

"아니. 되게 편해. 신기한지 친구들이 자꾸 쓰고 싶어 해."

늘봄이는 의젓하게 대꾸했다. 힘든 일을 겪고 있지만 이름처럼 늘 봄날 같은 늘봄이가 새롬이랑 마로는 정말 좋았다.

"나는 이런 걸 받을 수 있으니까 정말 행운아야. 너희 덕분이야."

"우리가 뭘."

마로가 쑥스러워하자 늘봄이는 쿡쿡 웃었다.

"우리 부모님도 얼마나 고마워하시는데. 개발자분 인터뷰를 봤는데, 너희 덕분에 다시 출시하게 된 거라며?"

"헤헤. 우리가 좀 끈질기긴 했지."

마로가 웃으며 머리를 긁적였다. 마주 웃던 늘봄이의 시선이 새롬이를 향했다. 새롬이의 표정이 마냥 밝지만은 않았다.

"근데 새롬아. 무슨 일 있어?"

"뭐가?"

"그냥 좀 힘이 없어 보이네."

"맞아. 너 오늘 좀 멍해."

늘봄이의 걱정에 마로까지 합세했다. 뭐라고 대꾸할지 고민하던 새롬이의 눈에 길 건너 분식집이 들어왔다.

"배고파서 그래. 우리 떡볶이 먹을래?"

"좋지!"

셋은 길 건너 분식집에 들어가서 떡볶이와 튀김을 시켰다.

"실은 어제 TV에서 팔머 럭키를 봤거든."

"팔머?"

"가상현실 기기 제작자 팔머 럭키 말이야. 근데 TV에 나오는데 꼭 내 친구인 것 같았어."

새롬이의 말에 마로와 늘봄이의 얼굴에 물음표가 잔뜩 떠올랐다.

"그게 무슨 말이야?"

"나 팔머 럭키 아바타랑 가상현실 게임을 했다고 했잖아. 그때 팔머 아바타랑 되게 재밌었거든. 근데 그 팔머가 TV에 나오니까 엄청 반갑고 친구 같더라고. 너희 같은 실제 친구 말이야. 그래서 기분이 좀 이상했어."

"아하. 그래서 그런 멍한 얼굴이었구나?"

"안 멍했거든?"

새롬이가 발끈하자 마로는 킥킥댔다. 마로는 문득 어제 한 가상 게임이 떠올랐다. 가상현실 게임 속에서는 멋진 엘프가 되어 숲을 날아다녔다. 그런데 게임을 끝내고 현실로 돌아오니 자신을 반기는 건 학교 숙제뿐이었다.

"나도 어제 게임하고 나니깐 갑자기 우울해지긴 했어. 게임에서는 멋지게 숲을 구했는데, 현실에 오니 숙제만 있잖아. 숙제고 뭐고 다시 게임 속에 들어가고 싶더라. 너무 진짜 같은 게 꼭 좋은 건 아닌 것 같아."

마로의 말에 새롬이가 한숨을 내쉬었다.

"맞아. 엄마랑 선생님도 가상현실 기기가 건강에 좋지 않으니 오래하지 말라고 하시잖아. 학교에서는 아예 가상현실 기기를 못 쓰게 하고. 나는 앞으로 더 좋은 가상현실 기기를 만들고 싶은데 이러다가 가상현실 기술들이 사라지면 어쩌지."

새롬이와 마로의 이야기를 잠자코 듣던 늘봄이가 이야기를 꺼냈다.

"우리 지금부터 가상현실의 단점을 얘기해 보자. 단점을 고치면 분명 가상현실 기술이 사라지지 않겠지. 내 꿈도 지금 쓰고 있는 이 안경처럼 가상현실 기술로 더 좋은 세상을 만드는 거거든."

"엇? 바이올리니스트가 아니었어?"

"바이올리니스트도 되고 싶어. 그런데 내가 이 안경을 써 보니까 시각 장애인에게 이런 기기가 꼭 필요하다는 생각이 들었어. 나는 욕심이 많잖아."

늘봄이의 능청스러운 말에 새롬이와 마로가 웃음을 터트렸다.

"사실 너희 덕분이야. 너희가 내 꿈을 지켜 준 것처럼 나도 다른 사람의 꿈을 지켜 주고 싶거든."

"우아."

새롬이와 마로가 감탄하자 늘봄이가 얼굴을 붉히며 말했다.

"그럼 얘기해 보자."

"음. 아까도 이야기했지만 가상현실에 오래 있다 보면 뭐가 진짜 내 기억인지 헷갈리는 거 같아. 내가 팔머 럭키를 아는 사이라고 잠시 착각한 것처럼 말이야."

새롬이의 말에 마로도 고개를 끄덕였다.

"가상현실이 지나치게 진짜 같으니까 오히려 현실보다 더 푹 빠지게 되는 것 같아."

마로네 반은 작년 과학 시간에 증강현실 프로그램으로 개구리 해부를 했었다. 수업할 때는 실제 개구리를 해부하는 것도 아니라서 그저 재미있다고 여겼다. 그런데, 수업이 끝나고 나서 생각이 꽤 많이 났다. 심지어 꿈도 꿨다.

"지난번에 과학 시간에 증강현실 프로그램으로 개구리를 해부했는데 실제 개구리를 해부한 것도 아닌데 진짜로 개구리를 해부한 것 같더라고. 밤에는 거대한 개구리가 쫓아오는 꿈도 꿨다고."

마로가 팔을 크게 들고 쫓아오는 시늉을 하며 말을 이었다.

"으아. 진짜 무서웠겠다."

새롬이랑 늘봄이는 덩달아 몸서리쳤다. 사실 진짜 개구리를 해부하는 것이 아니라 여러모로 증강현실 수업이 훨씬 나았지만, 너무 실감이 나는 게 문제였다. 물론 실제 같다고 신나했던 친구들도 많았지만.

"가상현실이 점점 현실과 같아질수록 뭐가 진짜인지 알 수 없게 될 거 같아."

마로의 말에 아이들은 잠시 말이 없었다.

한참 생각하던 늘봄이가 말을 꺼냈다.

"그리고 가상현실을 이용하기 어려운 사람들도 많을 것 같아. 좀 공평하지 않은 것 같기도 하고."

새롬이랑 마로는 의아한 얼굴로 늘봄이를 보았다. 가상현실 기술이

공평하지 않다니, 그게 무슨 말일까?

"가상현실을 이용할 수 있는 사람이 생각보다 많지 않은 것 같더라. 이 안경도 너희 덕분에 난 이렇게 잘 쓰고 있지만, 모든 시각 장애인들이 쓸 수 있는 건 아니더라고. 가격이 싸게 나와도 계속 업데이트를 하면 비용이 많이 들어가니까."

마로는 고개를 끄덕였다.

"맞아. 우리가 한 게임도 베타 테스트로 받은 거라 가격을 잘 몰랐는데 엄청 비싸더라."

"그렇구나."

맵고 달달한 떡볶이를 우물거리던 새롬이는 꿀꺽 삼키고 입을 열었다.

"이제 우리가 안 좋게 생각했던 걸 어떻게 바꿀지 이야기해 볼까?"

"가상현실에 지나치게 빠져들면 현실인지 가상인지 잘 구분할 수 없어. 게다가 가상현실 속에 푹 빠져서 거기서만 놀게 될 수도 있어. 이건 어떻게 해결할 수 있을까?"

늘봄이의 질문에 새롬이는 생각에 잠겼다.

"너무 오래 하지 않으면 되지 않을까? 너무 오래 하면 멀미도 심하니까."

"아. 역시 그 방법밖에 없는 거야?"

가상현실 게임과 메타버스 플랫폼에서 노는 것을 유독 좋아하는 마로는 새롬이 말에 어깨가 축 처졌다.

"어쩔 수 없지. 너무 오래 하면 점점 현실이랑 구분이 안 가게 되는 건 사실이잖아."

"나도 안다고. 그냥 싫을 뿐이지."

마로는 해결책이 아쉬운지 입을 삐죽이며 말을 덧붙였다.

"나는 현실이 재미없게 느껴지는 것도 큰 문제 같아. 가상현실과 달리 우리 생활은 대부분 평범하니까."

늘봄이가 옆에 놓인 바이올린 가방을 들어 보이며 말했다.

"현실에서도 즐거운 것들이 아주 많아. 마로야. 너무 가상현실에서만 찾지 말고 현실에서도 취미 활동을 늘려 보면 어때?"

그러고 보니 마로 역시 악기를 연주하는 게 재미있었다. 새롬이도 늘봄이의 말이 그럴듯하게 들렸다. 가상현실 게임 말고 이렇게 떡볶이를 먹으며 수다를 떠는 것도 아주 즐거우니까.

"가상현실 기술이 너무 비싼 건 어떻게 해야 하지?"

"음. 기술이 발전하면 기기들도 가격이 좀 떨어지지 않을까? 컴퓨터나 스마트폰도 그렇게 되었잖아."

늘봄이의 질문에 마로가 대꾸하자 새롬이가 씩 웃으며 말했다.

"그럼 앞으로 내가 디지털 멀미도 없고, 누구나 쉽게 살 수 있는 싼 기기를 만들면 되겠네."

새롬이는 팔머와 했던 게임이 떠올랐다. 친구들과 이야기를 하고 나니 그 꿈이 좀 더 선명해졌다.

"오오. 자신만만한데?"

능청스러운 마로의 말에 셋 사이에 잠시 웃음이 감돌았다.

"진짜 멋지다. 새롬아. 너처럼 노력하는 사람들이 많아진다면 언젠가는 지금 내가 쓰고 있는 이 안경도 쉽게 만들어 싸게 팔 수 있겠지? 나중에 너는 값싸고 좋은 기기를 만들고, 나는 그 기기를 가지고 더 많은 사람들을 도울 방법을 찾으면 좋겠다."

늘봄이 말대로 꾸준히 노력해서 좋은 기기를 만든다면 더 많은 사람들이 편리한 가상현실 기술을 이용하게 될 것이다. 물론 또 다른 문제가 생길 수도 있겠지만, 새롬이는 모두를 위한 가상현실 기술을 만들겠다는 꿈을 포기할 생각이 없다.

"그래. 꼭 그렇게 하자! 그리고 지금보다 훨씬 더 많은 사람들이 가상현실 기술을 사용하고 또 좋아하게 만드는 거야."

새롬이가 답하자 늘봄이도 웃으며 말을 덧붙였다.

"응. 가상현실 기술은 정말 재밌고 편리하고 심지어 사람을 행복하게도 만들어 주니까."

늘봄이가 안경을 만지작대며 말하자 마로가 장난스럽게 말했다.

"역시 배가 부르니까 긍정적으로 변하는 거 같다!"

"그런 의미에서 핫도그도 먹자!"

세 아이들은 핫도그를 하나씩 물고 분식집을 나왔다. 구름 한 점 없이 맑은 하늘은 높고 푸르렀다. 따스한 오후 햇살이 신나게 재잘대는 아이들의 머리꼭지에 살포시 내려앉았다.

> PLAY

가상현실 기술의 미래, 우리는 무엇을 고민해야 할까?

가상 vs 실제, 우리가 살아가는 곳은 어디일까?

우리는 가상현실 속에서 공룡을 만나거나 혹은 공룡이 되기도 해. 에베레스트산에서 야호를 외치고, 사막 한가운데 있다가 북극으로 날아갈 수도 있어. 그뿐이 아니야. 슈퍼맨과 같은 영웅도 될 수 있지. 그렇게 가상현실 속 세상은 흥미롭고 즐거운 일만 가득하게 느껴져.

어쩌면 머지않은 미래에는 이렇게 즐거운 가상현실에서만 사는 게 가능할지도 몰라. 만약 그런 날이 온다면 여러분은 어디서 살고 싶어? 현실? 아니면 가상현실?

만약 가상현실을 택한다면, 여러분에게는 과연 어떤 것이 진짜 현실일까? 어떤 것이든 경험할 수 있는 가상현실 속이 진짜일까, 아니면 우리 몸이 있는 실제 현실이 진짜일까?

가상현실을 이용하는 것이 정말 좋기만 할까?

사람이 죽으면 가상현실에다 그 사람을 디지털로 만들어 넣어 계속 살아가게 하는 프로그램이 있대. 그 프로그램의 가상현실 공간은 현실과 거의 똑같아. 호수의 물은 반짝이고 하늘은 푸르고 높아. 멋진 풍경을 바라보면서 죽은 사람들은 아름다운 옷을 입고 최고급 음식을 맛보며 영원히 지내. 심지어 살아 있는 사람이랑 영상 통화도 해.

그런데 다른 쪽에선 새하얗기만 한 공간에서 하얀 옷을 입은 사람들이 멍하니 멈춰 있어. 이쪽 사람들은 그 프로그램을 만든 회사에 돈을 덜 낸 사람들이야. 그 사람들은 낸 돈만큼만 움직일 수 있지. 그 금액만큼 움직인 뒤에는 다음 달이 되어 새로운 돈이 들어올 때까지 멈춰 있어.

거짓말 같다고? 맞아. 아직 이런 프로그램은 없어. 이건 바로 '업로드'라는 미국 드라마 내용이거든. 그런데 이 이야기가 완전히 거짓말은 아니게 될지도 몰라. 가상현실 속에서는 모든 게 평등할 것만 같았는데, 지불한 돈에 따라 경험할 수 있는 게 다르다면? 특정 경험을 하려면 돈을 더 내야 할 수도 있어. 이런 프로그램을 파는 기업은 이윤이 많이 나는 것이 중요할 테니까 말이야.

혹은 자원이 부족해져서 진짜 현실에서 멋진 여행을 즐기고 호화로운 생활을 할 수 있는 건 부자들이고, 돈이 없는 사람들은 가상현실에서만 여행을 할 수 있는 세상이 올 수도 있겠지.

우리는 이런 문제에 대한 해결 방안을 아직 만들지 못했어. 또 부작용 사례에 대한 연구도 부족하고 가상현실 기술에 대한 윤리적인 논의도 부족하지.

가상현실로 다양한 심리 치료를 진행하는 것 또한 특별한 규제 없이 이뤄지고 있어. 가상현실 심리 치료가 어떠한 부작용을 낳을지 사실 아무도 모르는 일이야.

따라서 앞으로 우리는 가상현실 기술을 위한 도덕적 잣대와 윤리 교육, 부작용에 대한 의학적 연구를 마련해야 해. 나이에 맞는 가상현실 콘텐츠에 대한 기준도 만들어야 하지.

가상현실로 그리운 사람을 다시 만나게 해 준다면?

죽은 딸을 너무나 그리워하는 한 엄마가 있어. 그 엄마의 소원은 딸을 끌어안고 생일을 축하해 주고, 마지막 인사를 나누는 거야. 하지만 더 이상 딸을 만날 수는 없지. 그런 엄마에게 가상현실 기술이 하나의 방법이 될 수 있을까?

MBC 다큐멘터리 '너를 만났다'는 가상현실에서 세상을 떠난 딸과 만나는 엄마를 보여 줬어. 엄마는 가상현실에서 딸을 만나 좋아하던 미역국을 끓여 주고 딸의 생일 케이크에 초를 켰어. 이 특별한 만남 이후 엄마는 가상현실에서 딸을 만난 것이 큰 위로가 됐다는 글을 남기기도 했어.

딸의 생전 모습을 담기 위해 모션 캡처, AI 음성 인식, 딥 러닝(인공 신경망을 이용한 기계 학습) 등 다양한 과학 기술이 사용됐어. 남겨진 사진과 동영상 속 딸의 몸짓, 목소리, 말투 등을 인공 지능이 학습했지. 이후 딸과 비슷한 나이대의 대역 모델을 보며 가상현실 속 아바타의 기본 뼈대를 만들었고, 딸의 목소리는 몇 개 없는 동영상 속 실제 목소리를 토대로 만들었어.

그렇게 만들어 낸 딸은 겉보기에는 진짜 딸처럼 감쪽같았어. 하지만 과연 정말 딸이었을까? 물론 딸을 보지 못해 슬픈 엄마에게 충분히 위로가 되었다면 그에 대해서는 누구도 왈가왈부할 수 없을 거야. 개인의 아픔과 고통을 달래기 위해 추억을 디지털로 만들어서 떠나간 사람을 다시 만나게 하는 건 어떤 의미에서는 좋은 일일 테지.

하지만 가상으로 만들어 낸 소중한 사람이 정말 내가 알던 그 사람은 아니야. 가상현실 속 그 사람은 내가 세월을 보내는 것처럼 성장하거나 시간을 보낼 수는 없거든. 갖고 있는 데이터를 계속 곱씹어서 재생산할 뿐이지. 게다가 이미 떠난 사람들의 데이터는 언젠가는 끝이 날 수밖에 없어. 그런데도 과연 가상현실로 만든 소중한 사람이 정말 나와 계속 함께하는 것일까?

또한 디지털로 만든 기억들은 갑자기 사고로 사라질 수도 있어. 이 모든 일에 대해 우리는 아직 허심탄회하게 이야기하지 못했어. 기술은 점점 발전하고 우리 앞엔 또 어떤 일이 일어날지 몰라. 이런 때일수록 잠시 멈춰서 이 문제에 대해서 깊이 생각하고 논의해야 하지 않을까?

우리가 만들어 나가야 할 가상현실의 미래는 어떤 모습일까?

'백문이 불여일견(百聞不如一見)'이란 말이 있어. 백 번 듣는 게 한 번 보는 것만 못하다는 말이야. 지금까지 인간이 무엇인가를 배우는 최고의 방법은 직접 경험하는 거였어.

그런데 증강현실이나 가상현실을 이용하면 더 효과적이고 안전하게 경험할 수 있어. 머지않은 미래에는 학교가 아닌 집에서 가상현실 방식으로 배우는 것이 가장 빠르고 좋은 교육이 될지도 몰라.

여행도 마찬가지야. 예전에는 직접 사람들과 부대끼며 여행을 했다면, 이제는 가상현실에서 홀로 여행을 하는 세상이 올지도 모르지.

앞으로 이런 변화들이 반복되면 결국 삶의 방식도 변할 거야. 현실과 가상현실의 경계가 모호해지면서 현실이나 가상현실이나 같은 의미로 기억될 수도 있어. 현실을 모방해 만들어 낸 3차원 가상현실과 메타버스 속 세상이 현실 그 자체가 되는 순간도 있겠지. 내가 살아가는 세상이 넓어질 수도 있지만, 그 세상의 경계가 허물어지면서 뒤섞일 수도 있어.

하지만 가상의 공간에서 밥을 먹는다고 진정으로 배부른 걸 느낄 수 있을까? 우리는 실제 세상에서 먹고, 자고, 누군가를 만나고, 이야기해야 해. 현실에서 느끼는 감각, 현실에서 만난 사람, 현실에서 내린 선택을 항상 생각해야 하지. 현실에서는 그냥 게임을 끝내듯이 리셋하고 처음부터 다시 시작할 수 없기 때문이야.

영화 〈매트릭스〉와 책 《노빈손》 시리즈의 한 에피소드에서는 가상현실에서는 진수성찬을 먹었지만, 현실에서 먹을 것은 꿀꿀이죽이었다는 대목이 나와. 우리가 기술의 발전만 생각하고 그 기술을 이용할 사람의 행복과 현실을 생각하지 않았을 때 일어날 수 있는 모습이지.

가상현실 기술이 이롭게 쓰이려면 우리의 실제 '현실'도 풍요롭게 만들려는 노력이 필요해. 가상현실도 현실이 탄탄하게 있어야 의미가 있을 테니까.

지금까지 우리는 가상현실의 세계를 탐험하고 가상현실 기술의 무궁무진한 가능성을 보았어. 그리고 가상현실 기술은 바로 현실이 있기 때문에 편리하고 좋은 것임을 알게 되었지. 이 멋진 기술은 현실 세계에서 부족하거나 미흡한 것을 도와주는 기술이야. 앞으로 나는 현실 속에서 여러분과 가상현실로 만드는 세계가 보여 줄 멋진 미래를 함께 열어 가고 싶어. 새롬이랑 마로, 그리고 늘봄이처럼 말이야. 여러분은 어때?

참고문헌

이야기 하나

- 스티븐 옥스타칼니스, 「실전 증강현실」, 에이콘출판, 2018
- 김종덕 · 권기구 · 이수인, 「라이다 센서 기술 동향 및 응용」, 한국전자통신연구원, 2012
- 김선호 · 신효섭 · 정세훈, 「VR 저널리즘 연구」, 한국언론진흥재단, 2016
- 이지영, 「혼합현실(MR), 현실 세계와 가상 세계를 넘나들다」, https://terms.naver.com/entry.naver?cid=59088&docId=3580808&categoryId=59096, 2021.06.30
- 유튜브 IamVR Official, https://youtu.be/LM0T6hLH15k
- 제이슨 제럴드, 「VR BOOK(기술과 인지의 상호작용, 가상 현실의 모든 것)」, 에이콘출판, 2019
- Ivan E. Sutherland, 「The Ultimate Display」, Information Processing Techniques Office, ARPA, OSD, 1965

이야기 둘

- 블레이크 J. 해리슨, 「더 히스토리 오브 더 퓨처」, 커넥팅, 2019
- Thomas P. Caudell, David Mizell
  「Augmented reality: An application of heads-up display technology to manual manufacturing processes」, 1992

- 재런 러니어, 「가상현실의 탄생(VR의 아버지 재런 러니어, 자신과 과학을 말하다)」, 열린책들, 2018
- 김영기 · 김원배 외 6명, 「유망직업 미래지도」, 일상과이상, 2018
- 오컴(편석준 · 김선민 · 우장훈 · 김광집), 「가상현실(미래는 바로 우리 눈앞에 있다)」, 미래의창, 2017
- 최정원 · 정미선, 「어린이를 위한 미래 직업 100」, 이케이북, 2013

▶ 이야기 셋
- 이길행 · 김기홍 · 박창준 · 이헌주 · 전우진 · 조동식 · 권승준 · 홍성진 · 권은옥, 「가상현실, 증강현실의 미래」, 콘텐츠하다, 2018
- 임은혁 · 권지안 · 이수용, 「Augmented Reality Haptic Upper Garment for Wear Sensation」, Korea Robotics Society, 2019
- EBS 과학 다큐 「비욘드」 가상, 현실의 미래 편, 민정홍 · 김지원 · 장후영 연출, EBS, 2017.09.21.
- 「시드라에게 드리운 구름 Clouds over Sidra」, Gabo Arora, Chris Milk, 2015

▶ 이야기 넷
- 미래채널 MyF, 「(포스트 코로나) 언택트 적용사례 총정리!」, https://youtu.be/DCd3Y3-zjyI, 2020.05.23
- 빅데이터 전담 조직 데이터 커맨드 센터(Data Command Center), 「바이러스 트렌드 빅데이터 분석 보고서」, 이노션, 2020
- 김상균, 「메타버스(디지털 지구, 뜨는 것들의 세상)」, 플랜비디자인, 2020

이야기 다섯

- 김효정, 「너를 만났다: '가상현실' 속 그리운 사람과의 재회, 실제 치유가 될까?」, BBC 코리아, 2020.02.14
- 피터 루빈, 「미래는 와 있다(기술은 인간관계를 어떻게 바꾸는가)」, 더난출판, 2019

관련 교과

초등 4학년 1학기 과학 1단원

과학자처럼 탐구해 볼까요?

초등 5학년 1학기 실과 1단원

나의 발달

초등 5학년 1학기 실과 6단원

일과 직업 탐색

초등 6학년 1학기 실과 4단원

소통하는 소프트웨어

국어, 사회, 과학, 기술, 도덕, 경제까지
교과목 공부가 되고 세상의 눈을 키우는 상식도 쌓아주는
사회과학 동화 시리즈

공부가 되고 상식이 되는! 시리즈 ❶

어린이 생활 속 법 탐험이 시작되다!
신 나는 법 공부!

변호사 선생님이 들려주는
흥미진진한 법 지식과 리걸 마인드 키우기!

장보람 지음, 박선하 그림 | 168면 | 값 11,000원

공부가 되고 상식이 되는! 시리즈 ❷

동화로 보는 착한 소비의 모든 것!
미래를 살리는
착한 소비 이야기

친환경 농산물, 동네 가게와 지역 경제,
대량생산vs동물복지, 저가상품vs공정상품

한화주 지음, 박선하 그림 | 148면 | 값 11,000원

공부가 되고 상식이 되는! 시리즈 ❸

똑똑한 경제 습관과 금융 IQ를 길러 주는
어린이 금융경제 교육
적금은 뭐고 펀드는 뭐야?

동화로 보는 어린이 금융경제 교육의 모든 것!

김경선 지음, 박선하 그림 | 120면 | 값 11,000원

공부가 되고 상식이 되는! 시리즈 ❹

우리가 소셜 미디어를 하면서
반드시 알고 지켜야 할 것들의 모든 것!
미래를 이끄는 어린이를 위한
소셜 미디어 이야기

1인 미디어, 실시간 정보검색, 온라인 인간관계 길잡이, 올바른 SNS 사용규칙

한현주 지음, 박선하 그림 | 152면 | 값 11,000원

국어, 사회, 과학, 기술, 도덕, 경제까지
교과목 공부가 되고 세상을 눈을 키우는 상식도 쌓아주는
사회과학 동화 시리즈

공부가 되고 상식이 되는! 시리즈 5

동화로 보는 SW교육, 사물인터넷, 인공지능 로봇,
로봇 세상의 생활과 진로!

어린이를 위한
인공지능과 4차 산업혁명 이야기

과학 기술과 데이터, 로봇과 공존하는
인공지능 시대를 살아갈 어린이 친구들을 위한
과학 동화

김상현 지음, 박선하 그림 | 163면 | 값 12,000원

공부가 되고 상식이 되는! 시리즈 6

동화로 보는 '4차 산업혁명 시대'에 따뜻한 기술이
가져오는 행복한 미래와 재미난 공학

어린이를 위한
따뜻한 과학, 적정 기술

어린이를 위한 "따뜻한 기술과 윤리적인 과학"
에 대한 흥미롭고도 실천적인 이야기!

이아연 지음, 박선하 그림 | 160면 | 값 12,000원

공부가 되고 상식이 되는! 시리즈 7

포장 쓰레기의 여정으로 살피는
소비, 환경, 디자인, 새활용, 따뜻한 미래 이야기

미래를 위한 따뜻한 실천,
업사이클링

버려진 물건에게 새 삶을 주는
따뜻한 실천에 대한 흥미진진한 이야기!

박선희 지음, 박선하 그림, 강병길 감수 | 144면 | 값 12,000원

공부가 되고 상식이 되는! 시리즈 8

동화로 보는 동물학대와 유기, 대규모 축산농장,
동물실험, 동물원에 대한 불편한 진실

어린이를 위한
동물 복지 이야기

동물과 함께 행복해지기 위한 윤리적인 선택,
그에 대한 흥미롭고도 실천적인 이야기!

한화주 지음, 박선하 그림 | 166면 | 값 12,000원

국어, 사회, 과학, 기술, 도덕, 경제까지
교과목 공부가 되고 세상의 눈을 키우는 상식도 쌓아주는
사회과학 동화 시리즈

공부가 되고 상식이 되는! 시리즈 ❾

동화로 보는 신재생에너지, 에너지 불평등과 자립,
에너지 공학자, 에너지 과학 기술

**지구와 생명을 지키는
미래 에너지 이야기**

"행복하고 안전한 미래를 맞이하려면
에너지 문제를 반드시 해결해야 해요!"

정유리 지음, 박선하 그림 | 162면 | 값 12,000원

공부가 되고 상식이 되는! 시리즈 ❿

동화로 보는 '미세먼지'를 둘러싼 환경, 건강,
나라, 경제, 과학 이야기

**생명을 위협하는 공기 쓰레기,
미세먼지 이야기**

"왜 미세먼지는 나아지지 않고
점점 심해지는 걸까?"

박선희 지음, 박선하 그림 | 160면 | 값 12,000원

공부가 되고 상식이 되는! 시리즈 ⓫

사라지는 일, 생겨나는 일!
미래 일자리의 변화와 기술, 직업 가치를
생생하게 알려 주는 과학 인문 동화

**어린이를 위한
4차 산업혁명 직업 탐험대**

"달라진 일의 미래, 나는 어떤 일을 하게 될까?"

김상현 지음, 박선하 그림 | 167면 | 값 12,000원

공부가 되고 상식이 되는! 시리즈 ⓬

동화로 보는 미디어 속 가짜 뉴스에 담긴
불편한 진실과 미디어 리터러시 교육!

**어린이가 알아야 할
가짜 뉴스와 미디어 리터러시**

"뉴스는 무조건 믿어도 되는 걸까요?"

채화영 지음, 박선하 그림 | 144면 | 값 12,000원

국어, 사회, 과학, 기술, 도덕, 경제까지
교과목 공부가 되고 세상의 눈을 키우는 상식도 쌓아주는
사회과학 동화 시리즈

공부가 되고 상식이 되는! 시리즈 13

동화로 보는 해양 쓰레기, 미세 플라스틱, 남획,
바다 산성화, 뜨거운 바다, 그리고 분쟁의 바다

지구가 보내는 위험한 신호, 아픈 바다 이야기

"지속 가능한 바다를 위해
우리는 어떤 일을 할 수 있을까?"

박선희 지음, 박선하 그림 | 161면 | 값 12,000원

공부가 되고 상식이 되는! 시리즈 14

빅데이터, 데이터 마이닝, 데이터 과학자와 데이터
윤리까지! 동화로 살펴보는 빅데이터의 모든 것!

어린이를 위한 미래 과학, 빅데이터 이야기

"이제 분야를 막론하고 미래 세상을 이끌어갈
사람들은 모두 빅데이터를 알아야만 해!"

천윤정 지음, 박선하 그림 | 159면 | 값 12,000원

공부가 되고 상식이 되는! 시리즈 15

이웃과 환경을 생각하고 사회를 밝게 만들어 주는
착한 디자인에 대한 아주 특별한 다섯 이야기!

세상을 따뜻하게 만드는 착한 디자인 이야기

좋은 디자인은 그 자체로
세상을 바꾸는 발명이 된다!

정유리 지음, 박선하 그림 | 155면 | 값 12,000원

공부가 되고 상식이 되는! 시리즈 16

하늘 저 너머에도 쓰레기가 있다고?
우주 탐사 최대 방해물, 우리를 위협하는
우주 쓰레기의 모든 것!

지구와 미래를 위협하는 우주 쓰레기 이야기

"우주 과학이 발전하는 만큼
우주 쓰레기는 더 많아진다고?"

김상현 지음, 박선하 그림 | 136면 | 값 12,000원